Sammlung Göschen Band 781

Stilkunde

Von

Prof. Dr. Hans Weigert

II

Spätmittelalter und Neuzeit

Mit 84 Abbildungen

2. Auflage

Walter de Gruyter & Co.

vormals G. J. Göschen'sche Verlagshandlung · J. Guttentag, Verlagsbuchhandlung · Georg Reimer · Karl J. Trübner · Veit & Comp.

Berlin 1953

Archiv-Nr. 110781
Satz: Walter de Gruyter & Co., Berlin W 35
Druck: Oswald Schmidt GmbH., Leipzig III/18/65
Printed in Germany

INHALT

1*

DER KAMPF ZWISCHEN MITTELALTER UND NEUZEIT

Den Gegensatz der beiden Epochen mögen der um 1480 gezeichnete Entwurf Matthäus Roritzers zur Westfassade des Regensburger Domes und der Tempietto veranschaulichen, den Bramante 1502 bei S. Pietro in Montorio in Rom baute (1 und 2). Roritzer steigert den Höhenwillen der Gotik vor ihrem Erlöschen noch einmal ins Titanische. Dem vorhandenen Unterbau, der nach dem Vorbild der französisch klassischen Kathedralen hatte zweitürmig fortgeführt werden sollen, setzt er den riesigen Einturm auf, der fontänengleich aufspringt, von Wagerechten nur soweit unterbrochen als es zur Versinnlichung des Sieges der Senkrechten not tut. Hinter diesem Turm strömen die Schiffe mit rascher Folge der schmalen Joche zum Altar, so daß er in die Tiefe wie in die Höhe von zügigen, eindeutig gerichteten Wegen zum Heiligen durchströmt ist.

Der Tempietto Bramantes fließt nicht an einer wagerechten Achse entlang, sondern steht, kreist um eine senkrechte. Aber auch diese weist nicht ins Unendliche, sondern endet in einer Kuppel, die alle etwa im Bau aufkommenden Bewegungen zum Boden zurückleitet. Die Wagerechte des Kuppelfußes wiederholt sich in dem die Mitte des Kern-Zylinders umschwingenden Ring mit der Balustrade, den die etruskischen Säulen (I., S. 48) tragen, und nochmals in den drei Stufen des Unterbaues. Alle Schwingungen, die senkrechten wie die wagerechten, kehren in sich selbst zurück, so daß der Bau völlig geschlossen in sich ruht. Man kann seinen Bewegungsgehalt „immanent" nennen (im-manere = darinnen bleiben).

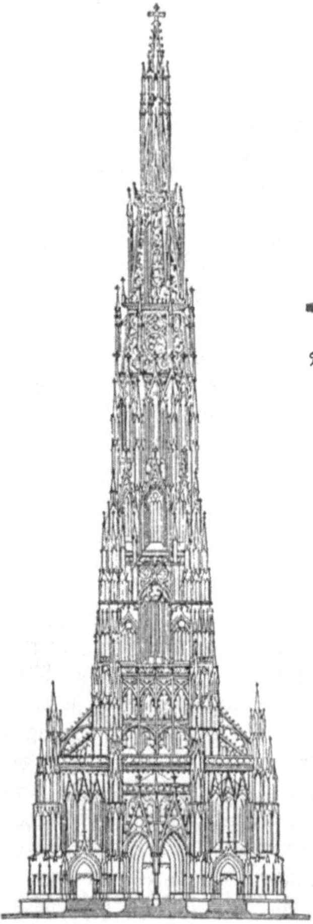

1. Entwurf zur Westfassade des Regensburger Doms. Um 1400.

2. Entwurf Bramantes zu seinem Tempietto bei S. Pietro in Montorio, Rom, 1502 vollendet.

Der des Regensburger Baukörpers aber ist transzendent (trans-scendere = über sich hinaus steigen). Diese Begriffe gelten nicht nur für den Gegensatz der Bauformen in Gotik und Renaissance, sondern auch für die Auffassung der gemeißelten oder gemalten Gestalten. Das Begriffspaar konnte auch schon auf die beiden Madonnen angewandt werden, mit denen (Bd. I, S. 123) der Unterschied des klassischen 13. vom hochgotischen 14. Jh. angedeutet wurde, ja sie treffen die immer wiederkehrende Polarität klassischer, weltfroher Epochen und ihres Gegensatzes, den man christlich oder romantisch nennen mag. Sie gelten schließlich auch für die geistigen Grundhaltungen hinter der Kunst. Denn der höchste Lebenswert ist für die Hochgotik und darüber hinaus für das ganze Mittelalter mit Ausnahme eben der staufischen Klassik die Erlösung ins Jenseits, für alle klassischen Epochen aber zumal in der Neuzeit die Vollendung im Diesseits.

Der gotische Turm ist in erhabener Einseitigkeit, der Tempietto in harmonischer Allseitigkeit gestaltet. Dem entspricht es, daß vom Christen eine einseitige Entwicklung der Leib und Leben verneinenden Seelenkräfte gefordert wird, während der klassische Mensch sich zur Harmonie von Geist und Leib entfalten will. Der gotische Turm ist wie das Leben des mittelalterlichen Menschen bezogen auf ein Jenseitiges, stellt den Weg zu diesem dar. Die Kuppel der Renaissance ruht in sich, wie der Mensch der Neuzeit, soweit er nicht von Erinnerungen an das Mittelalter bestimmt ist, sein Leben nicht in Beziehung auf ein außerhalb des Lebens Liegendes lebt. Seine Werte, seien es Wissen, Bildung, Schönheit oder Erfolg, Macht, Besitz sind im Diesseits zu erreichen.

Der in der Baukunst angedeutete Gegensatz der beiden Grundhaltungen bestimmt wie den Bewegungsgehalt so auch Inhalt und Thema der Bildkünste. Im Mittelalter war ihr Thema und ihre Aufgabe die Überwelt. Nachdem die Darstellung jener Welt ausgeschöpft und erschöpft war, wird diese Welt zum Thema. Die Natur soll nach Leonardos Wort das Steuer und Leitseil der Malerei, der Künstler nicht Enkel, sondern Sohn der Natur sein. Ihr Enkel war er im Mittelalter, als er nicht aus ihr selbst, sondern aus dem durch die Antike der Natur abgewonnenen Formenvorrat schöpfte, die Naturformen also nur mittelbar und aus zweiter Hand empfing. Der Wandel wird am deutlichsten in der Aufgabe des Skizzenbuchs. Im Mittelalter diente es zum Notieren der gängigen Kompositions- und Darstellungsformen, zum Festhalten der Überlieferung, jetzt verhilft es zu deren Sprengung durch das

3. Anbetung der Könige aus einem Perikopenbuch der Regensburger Malerschule. 11. Jh.

Sammeln von Beobachtungen und Studien aus der Natur (Skizzenbücher eines Malers des 14. Jh.s in Braunschweig einerseits — des Pisanello andererseits). Jetzt, und erst jetzt gilt das mit dem leiblichen Auge Gesehene als das Wirkliche, während für das Mittelalter das geistig Geschaute und Geoffenbarte den höheren Grad von Existenz, von Wirklichkeit besessen hatte (I. S. 80). Dieser Wandel in der Kunst hat seine Parallele in der Erkenntnistheorie. Sie hatte im Mittelalter, auf Plato aufbauend, gelehrt, das eigentlich Wesenhafte seien die Ideen als die Urbilder der Dinge und diese selbst, die unserer Erfahrung gegebenen, seien nur deren trübes Abbild. Um 1350 siegt über diese Theorie, die Realismus heißt, weil sie die Ideen für real, für wirklich hält, der Nominalismus, der sie als nomina, als bloße Namen und Begriffe für die der Erfahrung gegebenen Dinge ansieht. Gleichzeitig bekehrt sich die Wissenschaft vom deduktiven, alles Seiende von oben, von Gott ableitenden Verfahren zum induktiven, das vom Empirischen ausgeht.

Den Gegensatz im Aufbau geistiger Gebilde, seien es philosophische und wissenschaftliche Theorien, seien es Bildwerke, mögen zwei Darstellungen der Anbetung der Könige veranschaulichen. Die im 11. Jh. in einem Regensburger Evangeliar

4. Domenico Veneziano (?), Anbetung der Könige. Um 1450.

gemalte (3) stattet die Szene mit Zeichen, Stenogrammen der Dinge aus, die nicht aus der Natur, sondern durch die Verdichtung und Konzentration überlieferter Formen zu Formeln gewonnen sind. Die Wolke besteht aus Streifen, der Baum ist aus Schemen für seine Teilbegriffe: Stämme, Äste, Krone summiert. Diese Zeichen, sozusagen die Urformen der sichtbaren, entsprechen den Ideen der Erkenntnistheorie und werden wie diese für real gehalten.

Das zweite Bild (4), um 1450 wohl von Domenico Veneziano gemalt, dient weniger dem heiligen Thema, als der Mannigfaltigkeit des Sichtbaren. Die Voralpenlandschaft mit ihren Bergen und Kastellen, die Lärche im Vordergrund, die Raubvögel in der Luft, der Pfau auf dem Dach der Hütte, das alles ist aus Skizzen nach der Natur entstanden, gibt nicht mehr das Typische und Allgemeine sondern hat das principium individuationis, hat die dem Auge, der Empirie sich bietende Welt entdeckt. Die biblische Szene, die das Bild legitimiert, ist in die Ecke gedrängt, man sieht sie zuletzt und das Interesse gilt in ihr wieder mehr dem Troß von modisch gekleidetem Gefolge als der heiligen Familie. Das Geschehnis ist nicht mehr ewig, sondern „vergegenwärtigt" (Pinder), in den besonderen Ort: terra ferma (festländischer Besitz) von Venedig und die einmalige Zeit: um 1450 gesetzt. Der Gewinn an sichtbarer Wirklichkeit ist gewaltig, aber ihm steht der Verlust der unsichtbaren, der heiligen Wirklichkeit gegenüber. So muß jeder Gewinn in der Geschichte mit einem Opfer erkauft werden. Die Wende zur Neuzeit kann keinesfalls als Fortschritt im Sinne einer Wertsteigerung gerühmt werden. Ein spirituelles Bild der Reichenauer Schule hat einen anderen, aber wahrlich keinen geringeren Wert als ein realistisches der Neuzeit.

Die empirische Gestalt verlangt einen durchaus anderen Bildaufbau als die spirituelle des Mittelalters. Diese, in der nur das Psychische wesentlich war, existierte in der Fläche. Die neuzeitliche, die Körper und Schwere hat, braucht einen Raum. Das Mittel zu seiner Gewinnung ist die Zentralperspektive, die um 1400 von den florentinischen Malern (Masolino, Masaccio, Uccello) gemeinsam mit Architekten (Brunelleschi) und Mathematikern (Alberti) gefunden wurde. Sie beruht auf der Erkenntnis, daß in der optischen Realität die Größe der Senkrechten proportional zu ihrer Entfernung vom Auge abnimmt und daß die Wagerechten zum Horizont konvergieren, in einem Fluchtpunkt zusammenlaufen. Senkrechte und Wagerechte ordnen sich also zu einer „Sehpyramide", deren Achse wagerecht liegt und deren Spitze in die Unendlichkeit weist. Aber das ist nun eine andere Unendlichkeit als die, zu der die Kathedrale stieg. Diese zeigt zum Himmel, jene über die Erde hin. Das Gerüst der Kathedrale und das der Sehpyramide sind „symbolische Formen", sie zeigen in schematischen Figuren die geistige Grundrichtung des Menschen an. Im Mittelalter war sein Ziel die Gewinnung des ewigen, jenseitigen Reiches, in der Neuzeit ist es die Gewinnung der diesseitigen Welt. Die beiden Ziele des auf diese Welt gerichteten geistigen Eroberungsfeldzuges sind die Erfahrung der individuellen Mannigfaltigkeit der Dinge, wie sie Domenico Veneziano erreicht hat bis in den Mikrokosmos hinein, und die Unterwerfung des Raumes bis zum Makrokosmos der Unendlichkeit. Dieser Wille, die Welt durch ihre Nachgestaltung im Bilde zu erobern, ist so entschieden nur in der Kultur der Neuzeit zu finden. Weder Ostasien, noch Ägypten und die Antike haben sich in folgerichtigem Realismus alles Sichtbaren bemächtigt oder eine über gefühlsmäßige Andeutungen der Tiefenstaffelung hinausgehende Perspektive geschaffen. Wie der gotische Höhenwille ist dieser neuzeitliche Fernwille eine Vergeistigung und Sublimierung des Ferndranges der germanischen Frühzeit. Wie die Gotik in der Normandie keimte, so ist die Ferne zuerst von niederländischen Künstlern im Bilde bewältigt worden, von den Brüdern Hubert und Jan van Eyk, welche die „Stundenbücher" (livres d'heures = Kalendarien) von Chantilly 1406 und von Turin 1417 für den französischen Herzog von Berry illuminierten (mit Miniaturen schmückten). Der „Heimritt Herzog Wilhelms" am holländischen Seestrand läßt als erstes Bild der Welt den Blick über den unendlichen Horizont von Meer und Erde schweifen, der im 17. Jh. zum immer wiederholten Thema der holländischen Maler wurde (5). Die Tiefe ist hier durch die Atmosphäre und Luftperspektive gewonnen, zu denen das an Wolkenspielen reiche Küstenland die Maler anregte.

Wie der Impuls zur Gotik von der germanischen Normandie ausging, aber erst von der lateinisch-germanisch durchmischten

5. Jan van Eyk, Heimkehr des Prinzen Wilhelm aus einem Stundenbuch des Herzogs von Berry. 1417.

Picardie und Ile de France zum folgerichtigen und rational durchdachten System ausgeformt wurde, so wird man auch den Anstoß zum neuzeitlichen Weltgewinnungswillen, zu Realismus und Perspektive, dem nordischen Blut zuschreiben dürfen, das

6. Anbetung der Könige an der Frauenkirche zu Rottweil. Um 1330.

Anbetung der Könige an der Liebfrauenkirche zu Frankfurt a. M. Um 1410.

während der Völkerwanderung und während der Italienzüge der deutschen Kaiser den alten Süden verjüngt hatte. Um das dumpf Gewollte aber zum rationalen System der Linearperspektive zu klären, bedurfte es auch hier des lateinischen Elements. Wie die gotische Baukunst ist die neuzeitliche Bildkunst erst aus der Durchdringung und gegenseitigen Befruchtung der Germanen und der Romanen zu verstehen. Deshalb hat nicht das rein lateinische Rom, sondern das rassisch gemischte toskanische Gebiet im Beginn der Neuzeit die Führung, wie sie im Hochmittelalter das Mischgebiet des nördlichen Frankreich hatte.

Die Gewinnung des Neuen, „die Entdeckung der Welt und des Menschen", um die durch Jakob Burckhardt berühmt gewordene Definition der Renaissance zu gebrauchen, geschah nun keineswegs als jäher Bruch mit dem Alten aus plötzlichem Entschluß, sondern als schrittweise Durchdringung der Überlieferung. Diese allmähliche Verwandlung sei an zwei Anbetungen der Könige in Bogenfeldern deutscher Kirchen gezeigt. Das um 1330 gemeißelte im Nordportal des Rottweiler Kapellenturms (6) zeigt unter der Verkündigung die Anbetung, deren Grund noch fester Stein, nicht in die Illusion des Raumes übersetzt ist. Am rechten Rande zeigen ein Pferdekopf und ein Troßknecht den Keim zur Szenerie, die knapp hundert Jahre später das heilige Geschehen überwuchert. An der Frankfurter Liebfrauenkirche (7) ist die Trennung der Bogenfeldstreifen nur noch aus der Kenntnis der Vorgänger zu rekonstruieren. Der Durchbruch vom mittleren zum unteren Streifen ist vollzogen, Reise und Anbetung der Könige sind zusammengezogen. Eine Summe einzelner Szenen ist zu einem Bildganzen verschmolzen, ein flächiges in ein tiefenhaftes Gebilde, eine zeitlos gültige Darstellung in einen „jetzt und hier" spielenden Vorgang verwandelt. Freilich ist hier der Realismus noch nicht folgerichtig wie bei Domenico Veneziano. Weder ist der Raum perspektivisch systematisiert, noch entspricht das Gelände dem natürlichen. In dessen

Gestaltung hält sich am zähesten die Formel, die das Hochmittelalter aus der in der Antike gebräuchlichen, typischen und keineswegs naturgetreuen Andeutung des Geländes übernommen hatte. Dieses Schema für jeglichen Boden sind schiefrige Treppenfelsen, bis ins 14. Jh. ganz regelmäßig (11), in Frankfurt schon in natürlicher Unordnung, bei Domenico Veneziano endlich von der Naturform verdrängt.

Dementsprechend ist zu verfolgen, wie sich die Begriffszeichen für „Baum" im 14. Jh. etwa bei Meister Bertram zu spielzeugähnlichen schematischen Kugelkronen auf glatten Stämmen, dann im 15. zur Nachbildung der individuellen, gesehenen Formen wandeln.

Ebenso steht es mit dem Porträt. Dem Früh- und Hochmittelalter war es fremd, weil als wesentlich nur der ewige Mensch, „den Gott liebt", nicht seine vergängliche Erscheinung galt. Alle Versuche, Darstellungen dieser Epoche als Porträts anzusprechen, sind verfehlt. Die Nachbildung der Besonderheiten der leiblichen Erscheinung kommt dann seit der Mitte des 14. Jh.s nicht aus plötzlichem Entschluß, sondern aus allmählicher Erfüllung der überlieferten Typen mit individuellen Zügen. Die gegen 1320 gemeißelte Büste am Freiburger Turm, die wohl dessen Baumeister darstellt (8), zeigt noch ein mit abstrakten Rhythmen gegliedertes Gesicht, in dem allein die Nase persönlich anmutet. Die Büste Peter Parlers dagegen, des Prager Dombaumeisters, am Triforium dieses Domes (9) hat zwischen 1379 und 1393 jene lineare Form so weit gelockert und erweicht, daß sie zur Nachbildung eines einmaligen Gesichtes bereit ist.

Am lehrreichsten für das allmähliche Herauswachsen der Neuzeit aus dem Mittelalter ist die Findung der Perspektive. Sie ist weniger Grund als Folge der neuen Weltanschauung, ist wie jede Erfindung gerade in dem Augenblick gefunden worden, in dem die Entwicklung sie forderte, in dem die Zeit für sie reif war. Den ersten Schritt von der Fläche zur Raumtiefe tat bald

8. Sogen. Baumeister vom Freiburger Münsterturm. Um 1320.

9. Peter Parler vom Triforium des Prager Domes. Um 1380.

nach 1300 der Florentiner Giotto. Der erste große italienische Kunsthistoriker, Giorgio Vasari (1511—74), läßt ganz richtig mit ihm die „maniera greca", den griechisch-byzantinischen Stil enden, der in Italien bis ins 13. Jh. geherrscht hatte (I, S. 59) und die Renaissancekunst beginnen. Die Geburt Christi etwa (10) läßt er nicht mehr wie alle Byzantiner in einer von den üblichen Treppenfelsen gebildeten Höhle geschehen, sondern verlegt sie in eine Hütte, wohl weniger um der biblischen Tradition zu entsprechen, als um der Möglichkeit willen, das Gerüst der Hütte zur Raumgewinnung zu verwerten. Die meisten Fresken Giottos haben den Bildgrund, der im Hochmittelalter identisch mit der Bildfläche war, durch Diagonalen aus Figuren oder Bauten nur ein Stück zurückgeschoben, so daß eine schmale Bühne entsteht, die den vollplastisch empfundenen Gestalten einen Existenzraum bietet. In der Geburt schafft zudem hinter

10. Giotto, Geburt Christi, Arena-Kapelle, Padua. 1305/07.

11. Meister von Hohenfurth in Böhmen, Geburt Christi. Um 1330.

der Vordergrundsbühne die Hütte einen Mittelgrundsraum, hier geschieht der zweite Schritt zur Gewinnung des Raumes. Diese Komposition übernahm der Meister von Hohenfurth in Böhmen (11), wie überhaupt fast ganz Europa im 14. Jh. auf Giotto fußt. Weiter in den Raum stoßen die florentinischen Meister und besonders die Oberitaliener Altichiero und Avanzo im späteren Trecento vor[1]), bis endlich der durch viele Schichten gewonnene Raum deren Verbindung und systematische Konstruktion fordert.

Ebenso folgerichtig befreit sich allmählich die Landschaft vom Dienst an der Figur. Die römische Kunst hatte Gartenlandschaften in Wandmalereien gegeben, das Mittelalter hatte nur diejenigen landschaftlichen Elemente bewahrt, die notwendig zur Handlung gehören. Auch in Giottos Flucht nach Ägypten (12) umschreiben die Hügel die beiden Figurengruppen, nach deren Bedeutung sich ihre Größe und Form richtet, die links einen Steilabfall bildet, nach rechts aber die Reisenden begleitet. Die Landschaft ist also „Exponent der Figur".

---

[1]) Die Italiener nennen das 14. Jh. Trecento = 300, von 1000 an gerechnet. Entsprechend Ducento = 200 = 13. Jh., Quattrocento = 400 = 15. Jh., Cinque = Sei- und Settecento für 16., 17. und 18. Jh.

In der Landschaft mit dem Fischzug Petri, die Konrad Witz 1444 für den Genfer Altar malte (13), hat man eine bestimmte Stelle des Genfer Sees zu erkennen geglaubt. In der Aufnahme von Naturformen entspricht dies Bild tatsächlich der etwa gleichzeitigen Anbetung der Könige von Domenico Veniziano, ohne jedoch von Italien abzuhängen. Der gleiche Zeitwille hat verschiedene Länder unabhängig voneinander zu verwandten Ergebnissen geführt. Aber noch ist das Dienstverhältnis der Landschaft zur Figur nicht gelöst. Die Bergpyramide des Hintergrunds steht genau über dem Haupt Christi, um ihn zu betonen.

Die zweite Hälfte des 15. Jh.s bringt keine Fortschritte in der Befreiung der Landschaft. Nur die Hintergründe der niederländischen und der von ihnen abhängigen deutschen Maler bringen Veduten (= Abbilder von Landschaften oder Städten). Erst um 1530 malt Albrecht Altdorfer (14) das erste nicht mehr durch Staffage (= Figuren in der Landschaft) legitimierte deutsche, waldige Hügelland, von den Gartenbildern Roms abgesehen die erste reine Landschaft der Kunstgeschichte. Sie ist jeglichem Dienst an der kirchlichen Religion entwachsen und stammt aus dem pantheistischen Naturgefühl, das die Jenseitsreligion zu verdrängen beginnt.

Zugleich ist ein solches Bild vom Dienst am sakralen Zweck und Ort, am Kirchenbau und am liturgischen Buch entbunden. Als Fresko (= Malerei auf den frischen (fresco) Bewurf der Mauer) und als Miniatur (I, S. 64) war die Malerei aufgewachsen. Jetzt schafft sie sich die unabhängige Gattung des Tafelbildes, in der sie aus allen Bindungen gelöst allein den von der Kunst selbst gestellten Aufgaben folgen kann. Erst hier ist die Malerei frei, kann ihren höchsten Reichtum entfalten, bis diese Freiheit seit dem 19. Jh. tödlich wird, weil in ihr die Aufgaben wie die Bindung ins Volk verloren gehen, die früher die religiösen Inhalte gaben.

Die Tafelmalerei braucht eine geistig unabhängige Schicht von Käufern, die besonders das reiche und sich auch von der

12. Giotto, Flucht nach Ägypten, Arena-Kapelle zu Padua. 1305/7.

13. Konrad Witz, Petri Fischzug. 1444.

Kirche immer weiter befreiende Bürgertum stellte. Es wird im Spätmittelalter zum Träger wie der Bild- so auch der Baukunst. Gegen Ende des 13. Jh.s entrissen die Bürgerschaften den Bischöfen das Stadtregiment und auch die Bauherrschaft über die Kathedralen. Zugleich ging die Überlegenheit in der Größe wie in der Zeugung neuer, zukunftshaltiger Formen von den Bischofs- (Kathedral-) Kirchen auf die von den Bürgergemeinden und für sie gebauten Stadtpfarrkirchen über (Freiburg i. Br., Ulm a. D.). Mit ihnen schuf sich das Bürgertum die sinngebenden Mitten und Kronen seiner Städte in den von der Kirche übernommenen sakralen Formen und Gestalten. In den zwanziger Jahren des 16. Jh.s wurde aber allenthalben in Deutschland und Frankreich der Weiterbau an den Kathedralen eingestellt. Sie blieben (Köln, Regensburg, Ulm) unfertig liegen, bis die Romantik des 19. Jh.s sie vollendete. An ihre Stelle traten als repräsentative Stadtmitten, wie in Italien schon seit dem Ende des 14. Jh.s, die profanen Rathäuser. Zu ihnen kamen als die wichtigen und zeugungskräftigen Aufgaben der Baukunst die Kauf-, Zeug- und Zunfthäuser, dann das Wohnhaus des Patriziers, in Italien Palazzo genannt. Ihr Grundthema ist nicht mehr wie in der gotischen Kirche die Vertikale, die Linie der Erdflucht, sondern die mannigfaltige Abwandlung der Horizontalen, der Linie der Erde selbst.

Ein Bürgertum, das sich selbstbewußt seinen eigenen Lebensstil prägt, gehört auch zu den Voraussetzungen eines folgerichtigen Realismus in den Bildkünsten. Dessen Wesen liegt darin, daß das von der Natur Gegebene nicht auf ein Ideal hin verdichtet, gesteigert und erhöht, sondern mit einer bescheidenen, sich den Dingen unterordnenden Phantasie abgebildet wird. Nun ist diese Unterordnung unter das Gegebene, das „sich auf den Boden der Tatsachen stellen" eine Haltung, die das Bürgertum kennzeichnet. Es ist handelnd und wirtschaftend groß geworden, d. h. im Rechnen mit Dingen und Tatsachen. An sie ist seine Phantasie gebunden, mit ihnen schafft sie, während die Phantasie

14. Albrecht Altdorfer, Landschaft. Um 1530.

der Aristokratien Ideale über den Tatsachen zeugt, die der Kirche religiöse, die des Adels menschliche. Kirche wie Adel wollen den Menschen auf ein Vorbild hin erhöhen und steigern. Deshalb sind ihre Kunstwerke idealistisch. Das Ziel des Bürgertums ist die Gewinnung der Dinge, wie sie sind, durch Handel und Wirtschaft wie durch ihre Nachbildung in der Kunst. Vermittelnd stehen zwischen Aristokratien und Bürgertum die aus diesem aufgestiegenen Bildungsaristokratien des Humanismus und der Goethezeit.

In allen Bereichen ist die große Wende um 1350, die das Bürgertum zur Führung bringt, durch die Absetzung der Ideen durch die Realitäten gekennzeichnet: In der philosophischen Erkenntnistheorie (S. 8), in der Wissenschaft, die von der Spekulation zur empirischen Forschung wird, und zumal in der Politik. Das Sacrum Imperium des Mittelalters beruhte auf den Ideen der Erneuerung des römischen Kaisertums, der christlichen Weltkirche, der Lehnstreue. Der bedeutendste Kaiser nach den Staufern aber, Karl IV. (1347—1378) dankt seine Erfolge der Realität seiner Hausmacht. Die Wirkung bürgerlichen Denkens auf diesen Herrscher spricht daraus, daß man ihn den ersten Kaufmann auf dem Kaiserthron genannt hat.

Als Voraussetzung eines folgerichtigen Realismus in der Kunst wurde die Befreundung mit der Natur und die Differenzierung der Form geschildert. Beide Voraussetzungen waren schon in der Mitte des 13. Jh.s gegeben. Wenn es damals nur zu vereinzelten realistischen Ansätzen kam (Naumburger Stifter und Kapitelle, I, 81 rechts), so deshalb, weil damals die dritte Voraussetzung des Realismus, das bürgerliche Denken, noch fehlte und der christliche Idealismus sich noch einmal durchsetzen konnte. Nach 1350 aber wurde der Realismus, von städtischen Künstlern getragen, allgemein. Er durchzieht in fruchtbarer Spannung mit dem nachlebenden christlichen Spiritualismus das ganze 15. Jh., um sich erst in der von der humanistischen Bildungsaristokratie bestimmten Hochrenaissance wieder idealistisch zu färben, die Gestalten wieder von Zufälligkeiten zu reinigen, auf eine Idee zu erhöhen, die nun aber nicht mehr aus dem Jenseits stammt, sondern die Verdichtung irdischer Schönheit ist. Alle Kunst der Neuzeit ist naturalistisch, aus der Natur gewonnen. Ihre Unterschiede sind nur durch das verschiedene Verhältnis zum Naturvorbild bestimmt, das der Realismus getreu abbildet, während der Idealismus es steigert und erhöht. Realistisch sind die Bildkünste stets da, wo das Bürgertum die Führung hat, wie im demokratisch regierten Holland des 17. Jh.s und weithin im 19. Jh. Zum Idealismus erheben sie sich, wo ein feudaler Hof sie bestimmt, wie im Frankreich Ludwig XIV. (Poussin) oder wo aus dem Bürgertum eine Bildungsaristokratie aufgestiegen ist, wie das humanistische Patriziat im Italien der Hochrenaissance, das mit dem Mediceer selbst die Titel der Aristokratie annimmt, oder das geistesmächtige Bürgertum der Goethezeit.

Diese Schilderung von den Grundlagen der neuzeitlichen und zumal der Renaissancekunst konnte gegeben werden, ohne daß nur einmal die Antike erwähnt wurde, obwohl doch die übliche Meinung und auch der Begriff sagen, die Renaissance sei aus der Wiedergeburt der Antike entstanden. Demgegenüber könnte man formulieren, die Renaissance sei auch ohne Renaissance möglich gewesen, d. h. die Kunst dieser Epoche wäre auch ohne unmittelbare Berührung mit der Antike denkbar. Das gilt für die Bildkünste uneingeschränkt. Die Baukunst hat der ererbten Form der Basilika und der neuen des Palazzo wohl die antike Zier und die durch Vitruv überlieferten Säulenordnungen eingeschmolzen, die Baukörper selbst aber wurden von dem neuen Studium der antiken Ruinen kaum berührt. Nur die Kuppeln, die des Tempietto wie die von Neu-S. Peter in Rom, mögen von dem in Byzanz bewahrten Erbe Roms angeregt sein, hätten sich aber auch aus der mittelalterlichen Wölbekunst entwickeln können. Daß die Kunst der Renaissance unter der Ideologie vom rinascimento, von der Wiedergeburt der Antike steht, ist in der nationalen Erinnerung der Italiener an den Glanz des alten Rom, besonders aber darin begründet, daß das Abendland in seiner

Entwicklung jetzt auf die gleiche Stufe gelangt war, auf der die klassische Antike gestanden hatte. Jede Kultur hat ihre Vorzeit, manche schreiten zum Mittelalter weiter, in dem alle stecken geblieben sind bis auf Antike und Abendland, die eine Neuzeit erlebt haben (S. 131). Kennzeichen des Mittelalters ist der Dienst am religiösen Mythos, Kennzeichen der Neuzeit eine diesem Dienst entwachsene Kunst. Ihr entspricht statt des mythischen ein „aufgeklärtes" Denken, das Welt und Kunst immer mehr entzaubert. Die Geschichte aller Kulturen besteht aber nicht in einem gradlinigen, alles ergreifenden Fortschritt, sondern in einer wiederholten Überlagerung alter Schichten von Geistesgut mit neuen. Die Neuzeit beseitigt nicht das Mittelalter, sondern legt sich über dieses, das mehr oder minder rein erhalten bleibt. Wie bis zum Ausgang der Antike noch „mittelalterliche" Götterbilder geschaffen wurden, so gibt es im Abendlande bis zur Gegenwart Bilder Christi und der Heiligen, nur daß die zeugenden Taten der Kunst, die Prägungen neuer Formen und Gehalte nicht mehr in ihnen, sondern in den profanen Bereichen der Kunst geschehen. Der Zeitpunkt des Führungswechsels der mittelalterlichen und der neuzeitlichen Schicht ist aber nicht eindeutig zu bestimmen. Denn die alten Mächte haben sich nicht kampflos ergeben, sondern ringen bis zur Gegenwart um die Führung, und die Geschichte der Zeit seit 1350 kann als Kampf der beiden Schichten aufgefaßt werden, in der die Gegenstöße des Mittelalters gegen die Aufklärung immer schwächer werden. Um 1400 gelangte die Mystik zu einer zweiten Blüte; das Ende des 15. Jh.s sah in Italien den Reformversuch Savonarolas, der in einer „Autodafé der Eitelkeiten" profanierte Kunstwerke verbrannte; auf die klassische Hochrenaissance folgte die Gegenreform, als deren Frucht der Barock eine sehr großartige religiöse Kunst zeitigte; die Aufklärung des 18. Jh.s und der Goethisch-heidnische Klassizismus wurden von der Romantik abgelöst, in deren Gefolge die Nazarener eine Erneuerung der religiösen Kunst versuchten, wie sie nach der letzten großen Aufklärungswelle im 19. Jh. wiederum der Expressionismus sich zum Ziel setzte. Aber diese Gegenstöße des Mittelalters wurden immer fruchtloser. Die letzte transzendente Kunst schuf die Nachgotik der Gegenreform, den letzten religiösen, freilich schon mit Sinnlich-Weltlichem durchtränkten Stil der Barock. Die Nazarener und Expressionisten sind gescheitert.

Eine klare Scheidung von Mittelalter und Neuzeit ist also unmöglich. Zudem hat die Entwicklung der einzelnen Länder ein verschiedenes Tempo. Das 15. Jh. heißt mit Recht in Italien Frührenaissance, in Deutschland Spätgotik. Wie Deutschland sich während der späten Romanik dem Neuen verschloß, die Gotik nicht aufnahm, so bleibt es während der Neuzeit länger in den religiösen Bindungen als der Süden. Es überholt zwar Italien mit einzelnen kühnen Vorstößen, wie mit jener staffagelosen Landschaft Altdorfers (14), aber vorwiegend bleibt die deutsche Bildkunst bis ans Ende des Barocks kirchlich. Entscheidend ist, daß dem, was in Italien Renaissance heißt, bei uns die Reformation entspricht, die den Weg der Gotik zur subjektiven Frömmigkeit fortsetzt und damit durchaus mittelalterlichen Geistes ist.

DAS ENDE DES MITTELALTERS

Die deutsche Sondergotik.

Die Hochgotik war ein international europäischer Stil gewesen. Die Dome zu Köln, Regensburg, Altenberg, die englischen Kathedralen des frühen „decorated style“[1]) wie die gleichzeitigen spanischen zeigen die gleichen nordfranzösischen Formen, denen sich selbst Italien mit den beiden Florentiner Bettelordenskirchen Santa Maria Novella (seit 1278) und Santa Croce (seit 1294) weitgehend beugte. Nach 1300 aber verliert das französische Vorbild seine werbende Kraft. Während Frankreich epigonisch sich selbst wiederholt, geht die Zeugungskraft auf

[1]) Die Engländer nennen die Frühgotik early English, die Hochgotik decorated style, die Spätgotik perpendicular und Tudor-style.

andere Länder über. England, Spanien, Italien und zumal Deutschland wandeln die Hochgotik zu nationalen Stilen, prägen jedes für sich eine „Sondergotik". Dabei sind die schöpferischen deutschen Gebiete nicht die traditionsbelasteten alten Reichsteile, sondern die neudeutschen, die von drei jungen Mächten zur Blüte geführt werden: von der Hanse, dem deutschen Ritterorden und der von Kaiser Karl IV. gegründeten Luxemburger Dynastie, deren Kernland Böhmen ist. Deshalb kehrt sich im 14. Jh. die Richtung des Kulturgefälles um. Bisher führte es von Frankreich über Altdeutschland nach Osten. Der Weg des Naumburger Meisters und seiner Schule etwa ging von Reims über Mainz und Naumburg nach Meißen, wie auch der Meister des Bamberger Reiters von Reims kam und in Magdeburg Nachfolge fand. Jetzt werden die im 12. und 13. Jh. nach Ostelbien und Böhmen gewanderten Kolonisten produktiv und wirken nach dem Westen zurück. Mittel- und Westdeutschland importieren böhmische Marienbilder (die Namen der in Böhmen schaffenden Künstler sind jetzt durchweg deutsch) und die Geschichte der süddeutschen Baukunst ist in der zweiten Hälfte des 14. Jh.s weithin eine Familiengeschichte der Parler, die als Parliere[1]) und leitende Meister am Dombau zu Prag zu Ansehen gekommen waren (9).

Das großartigste Ergebnis der deutschen Sonderentwicklung ist die norddeutsche Backsteingotik. Der Backstein oder Ziegel ist ein Ersatz für den Haustein und wird in all den Gegenden verwandt, denen die Natur gewachsenen Stein versagt hat. Schon die mesopotamischen Kulturen verwandten Ziegel aus getrocknetem oder gebrannten Lehm. Von den Römern erbte die Lombardei den Backsteinbau. Diese und Holland gaben ihn an die Nord- und Ostdeutschen weiter, die sich neben dem Holz bisher mit unbildsamen Bruchsteinen aus granitenen Findlingen beholfen hatten (Bruchstein = unregelmäßige Blöcke, Haustein = zu

[1]) Dieser Berufsname entspricht unserem Polier und bezeichnet die nach dem Magister fabricae führende Kraft.

Quadern zurechtgehauen). Nach der Mitte des 12. Jh.s aber wurden die Dome in Havelberg und Brandenburg und die Prämonstrantenserkirche in Jerichow aus Backsteinen errichtet, denen die Folgezeit den ihnen entsprechenden sehr herben und strengen Ausdruck abgewinnt.

Dem Backstein ist die kaum gegliederte Masse, nicht aber die körperhafte Formung gemäß, während der Haustein vom Meißel weitgehend aufgelöst und in jede Illusion des Organischen verwandelt werden kann. Aus diesem Materialgegensatz ist aber der Unterschied süd- und westdeutschen Stein- und nordostdeutschen Backsteinbaues noch nicht erklärt, wie überhaupt die früher beliebten Versuche, Stile von den Materialcharakteren abzuleiten, fast durchweg gescheitert sind. Denn einerseits hat der Hausteinbau in der Frühromanik ungeschlachte Massigkeit gezeigt, andererseits erweisen Ausnahmen, wie die Katharinenkirche zu Brandenburg und der Ostgiebel von S. Marien in Prenzlau, daß auch der Backstein der Umsetzung in fast filigranhaft feine Gespinste von Maßwerkformen fähig ist. Der Gegensatz der feingliedrig aufgelösten Hausteinbauten und der großformigen, monumental geschlossenen backsteinernen stammt vielmehr aus der Gesinnung ihrer Erbauer. Altdeutschland besitzt und genießt ein altes Erbe, Neudeutschland steht auf erst jüngst eroberten Boden als Vorposten gegen die Slawen. Deshalb haben hier selbst Klöster, wie das der Hauptträger der missionierenden Kolonisation, der Zisterzienser zu Chorin, ein wehrhaftes Gesicht (15). Das immer wiederholte Motiv des schlanken vielseitigen, spitzauslaufenden Nebenturmes, das in Chorin neben den Wimpergen beginnt und später strebepfeilerhaft angewandt wird, wirkt wie eine in den Boden gerammte Lanze, und die Krabben auf den Choriner Turmhelmen sehen aus wie die Stacheln von Morgensternen. Die Fassade von Chorin, dem Jenseits mit ihren Spitzbogen und Strebepfeilern zustrebend aber zugleich dem Diesseits trotzend und drohend, zeigt das Doppelgesicht dieser Kreuz und Schwert tragenden Mönche. Am gewaltigsten prägen diese Einheit die Burgen des deut-

15. Westfront der Zisterzienserkirche zu Chorin in der Mark. 14. Jh.

schen Ordens von der Weichsel bis nach Reval. Eine straffe, disziplinierte, staatsbildende Klarheit prägt Grundriß und Aufbau der zumeist auf regelmäßigen Quadraten sich erhebenden Wasserburgen. Der Remter des Hochmeisterschlosses der Marienburg (14. Jh.) aber läßt in wundersamer Vergeistigung des spröden Werkstoffs von der Mittelsäule und den Wandkonsolen die Rippen fontänengleich aufspringen. Das Kreuzzugsideal des christlichen Ritters hat sich nirgends vollendeter dargestellt.

16. Marienkirche zu Danzig. 14. u. 15. Jh. 1945 zum Teil zerstört.

Verwandten Geistes sind die Bauten der schwerttragenden Kaufmannsaristokratie der Hansa. Ihre Pfarrkirchen begannen mit S. Marien in Lübeck nach dem Vorbild binnenländischer Kathedralen, um dann eine Vielfalt eigenwilliger Formen zu finden, zumal in den die Stadt beherrschenden und über die See blickenden Türmen (16).

Früher als in Altdeutschland treten in den stolzen Hansestädten neben die Pfarrkirchen als Wahrzeichen und Mitten der Gemeinden die Rathäuser. Wie das zu Lübeck etwa über drei im mittleren 13. Jh. errichtete Saalbauten nach 1300 eine riesige, von zwei Windlöchern durchbrochene Mauer zwischen drei spitz auslaufenden Achtecktürmen steigen läßt, das zeigt die Kraft zum Schaffen von Symbolen von erhaben zwecklosen, sinnbildhaften Formen, Gleichnissen der politischen Kraft dieser ganz auf

17. Rathaus zu Lübeck, 13.—15. Jh. Vorbau von 1571.

sich gestellten und dennoch Könige unterwerfenden Hansa (17). Vergleicht man diese Anlage dem prunkend reichen, kleinteilig verspielten Vorbau des 16. Jh.s, dem Werk satt und kleinmütig gewordener Geschlechter, so wird deutlich, wie monumentale Baukunst nur von Männern geschaffen werden kann, die sie in den Dienst einer groß gewollten Politik stellen. Denn nur hohe, überpersönliche Ziele vermögen sich zu allgemein gültigen Zeichen zu verdichten. Diese Schauwand steht in schroffem Gegensatz zu aller altdeutschen Gotik. Sie schafft der πόλις, der Stadt, ein profanes, nicht wie die Kirche ein sakrales Wahrzeichen. Sie ist schmucklos, karg und herb, Selbstdarstellung einer Lebenshaltung, der es nicht, wie dem Süddeutschen, wesentlich auf das Ornament des Daseins, sein heiteres Beiwerk ankommt, sondern nur auf die Funktion, den Dienst des Ganzen und des Einzelnen im Ganzen, in dem der Teil nichts gilt. Das ist eine entschieden norddeutsche Haltung, und deshalb konnte Moeller van den Bruck die Backsteingotik die erste Äußerung des „preußischen

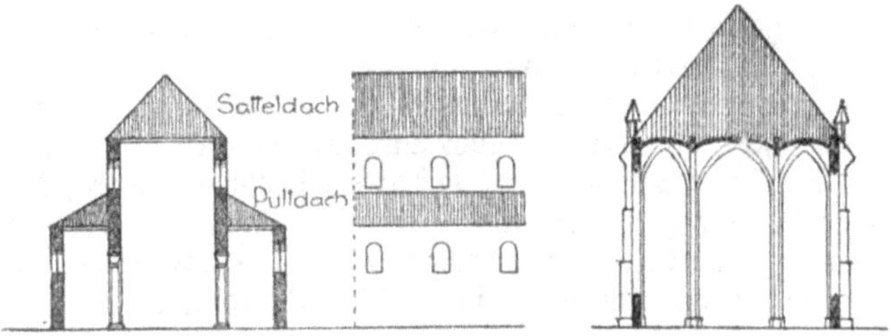

18. Schema der Basilika. Rechts: Hallenkirche S. Maria zur Wiese in Soest. 14. Jh.

Stiles" nennen. In dem ernsten, spröden Backstein hat eine Landschaft, ein Volkstum den ihm gemäßen Werkstoff gefunden.

Die Hallenkirchen. Die wichtigste Neuerung der neu- wie der altdeutschen Spätgotik ist der fast allgemeine Übergang von der Basilika zum Hallenbau, der den Seitenschiffen die gleiche Höhe und schließlich auch die gleiche Breite gibt wie dem Mittelschiff (18). Die Halle kam in romanischer und frühgotischer Zeit vereinzelt in Frankreich vor, wurde von Westfalen übernommen, um 1250 in der Marburger Elisabethkirche, um 1300 im Chor von Heiligenkreuz (Österreich) angewandt, durch die Parler nach Süddeutschland gebracht und endlich folgerichtig zu Ende gedacht in den obersächsischen, zumal erzgebirgischen Hallenkirchen um 1500. Die Halle muß das Pultdach über den Seitenschiffen aufgeben und die drei Schiffe entweder mit drei parallelen Satteldächern (S. Marien in Danzig) oder einem einzigen kolossalen Satteldach decken (Chöre von S. Sebald und S. Lorenz in Nürnberg) oder gegen das längsgerichtete des Mittelschiffs beiderseits mehrere Sättel querstellen.

Die Halle gibt das Grundprinzip des bisherigen Kirchenbaues auf, das straff auf das heilige Ziel gerichtete System der von den Schiffen gebildeten Wege. Denn wenn die seitlichen dem mittleren nicht mehr unter-, sondern gleichberechtigt nebengeordnet werden und zugleich die Arkaden sich verbreitern, werden Blick und Schritt nicht mehr nur in die Tiefe, sondern ebenso in die

Breite gezogen. Sie sollen nach allen Richtungen durch die einander verschmolzenen Schiffe schweifen. In der Basilika gab es nur einen „richtigen" Standpunkt, den in der Längsachse des Mittelschiffs. Die Halle erlaubt nicht nur, sondern fordert unzählige Standpunkte, von denen die schönsten die Schrägblicke durch den Pfeilerwald sind, denen sich nicht mehr ein rational zu durchdenkendes System, sondern eine Fülle malerischer Überschneidungen bietet. Diese Vieldeutigkeit des Hallenraumes hat ihn den Deutschen lieb gemacht, während die französische Spätgotik ihn völlig ablehnte. Hier ist die späte von der hohen Gotik nur durch die Zier unterschieden, die im 15. Jh. flammenhaft schwingende Maßwerkformen bevorzugt und deshalb „style flamboyant" heißt.

Die im Bau geforderte Bewegung und Blickrichtung wird jeweils vom Gewölbe vorgeschrieben. Die Hochgotik führte das Auge mit dem Zickzacklauf der Kreuzrippen über den schmalen Jochen rasch in die Tiefe. Die Spätgotik hat wie das Grundriß-, so auch das Gewölbesystem aufgelöst. Das 14. Jh. hatte die Zahl der Rippen vervielfacht zum Sterngewölbe, das wohl zuerst der Deutsche Orden anwandte (19). Während in ihm die Rippen noch von der Jochmitte ausstrahlen, überspinnen sie im Netzgewölbe des 15. Jh.s die gesamte Wölbung, die nicht mehr eigentlich ein Rippengewölbe, sondern ein Flachtonne mit nicht mehr konstruktiv, sondern nur noch dekorativ bedeutsamen Rippen ist.

Die gleiche Höhe der Schiffe, die Weite der Arkaden, die Vereinheitlichung des Gewölbes weisen auf das gleiche Ziel: Die Kirche, die einst eine Summe (Addition) selbständiger Räume gewesen war, zu einem Ganzen zu machen, dessen Teile erst sozusagen durch nachträgliche Unterteilung (Division) entstehen. So tendiert die Halle auf die von der Renaissance bevorzugte Raumform, den Saal, der durch den Wegfall der Arkaden entstanden gedacht werden kann. In manchen spätgotischen Hallen hat man darüber gestritten, ob sie noch Gotik oder schon Renais-

19. Annenkirche zu Annaberg im Erzgebirge. 1499—1520.

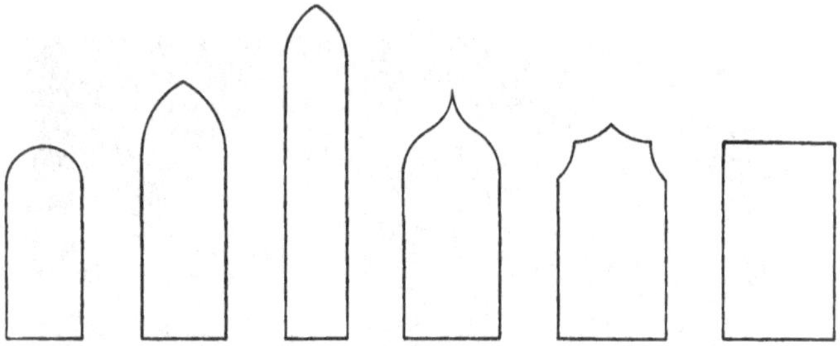

20. Entwicklung des gotischen Bogens.

sance seien. Sie sind das erste ihrer Abstammung nach, das zweite als nicht mehr zügige Wegräume, sondern als ruhende Verweilräume, in denen zwar noch Bewegungsströme ziehen, aber richtungs- und ziellos geworden sind.

Wie die Rippe hier ihre Aufgabe verliert, auch im Profil kraftlos und aufgezehrt wird (Bd. I, Abb. 85), so verliert der gotische Spitzbogen seine Energie. Stellt man die Bogenformen der gotischen Jahrhunderte zusammen (20), so zeigt sich, wie ihre aufstrebende Kraft ansteigt, in der ersten Hälfte des 14. Jh.s während der Hochgotik kulminiert, dann zum Kielbogen oder Eselsrücken einsinkt und erlahmt, bis endlich zu Ende des 15. Jh.s der Gardinenbogen die Fähigkeit zu steigen völlig verliert und ermattet nur mehr zu hängen vermag. Verbindet man die Spitze der Bögen, so ergibt sich eine Kurve, die der einer Geschoßbahn gleicht. Die geistigen Kräfte haben einen ähnlichen Ablauf wie die physischen. Wie jede Gemütsbewegung Anstieg, Gipfel und Abklingen hat, so auch jede Idee und jeder Gedanke des Schöpfers, des Walters der Geschichte, jeder Stil. Der große Gedanke der Bezogenheit des Menschen auf ein Jenseits ist am Ende, er hat sich erschöpft. In solcher Geisteslage bietet die Geschichte zwei Möglichkeiten: Die Restauration und die Revolution. Die erstere greift auf den Anfang des durchmessenen Weges zurück. Der romanische Rundbogen wird um 1500 in vielen gemalten und manchen gebauten Architekturen, zumal von Altdorfer und seiner Schule (Domkreuzgang Regensburg) wieder aufgegriffen. Weil aber keine Restauration Zukunft haben kann, wird sie überholt von einer Revolution, von der Setzung eines neuen Formkörpers und einer neuen geistigen Aufgabe. Diese Revolution heißt Renaissance, sie bringt ganz junge Formkörper, wie den Palazzo, oder holt wieder entwicklungsfähige aus der Antike herauf, und sie setzt als neue Aufgabe nach der Wendung zur Überwelt die Gewinnung der diesseitigen Welt. Während die Gotik aus der Romanik durch allmähliche Wandlung, durch eine Entwicklung, eine Evolution entstanden war, kommt die Renaissance, wenn auch allmählich sich durchsetzend, durch eine Revolution, die Setzung eines grundsätzlich Anderen und Neuen.

Es ist also falsch, wenn man die Renaissance Verrat und Verhängnis am nordischen Erbe nennt, hier ebenso falsch wie angesichts der karolingischen Renaissance, „Hätten die mittelalterlichen Formen sich wehren können, so lebten sie heute noch", sagte Jakob Burckhardt. Sie konnten sich ebensowenig wehren, wie einst das germanische Tierornament, weil sie am Ende, weil sie alt und verbraucht waren. Denn auch Ideen und die Formkörper, in denen sie sich darstellen, sind jung, werden reif und alt.

Die Bildkünste.

In der Spätgotik werden die Bildwerke nicht mehr in den Bauhütten geschaffen, die sich um die großen Bau-Aufgaben bildeten, sondern von den bodenständigen, bürgerlichen Zünften. Zugleich geht die Führung von der steinernen Bauplastik auf die holzgeschnitzten Figuren und die Bilder der Altarschreine über. Diese waren seit dem 13. Jh. möglich geworden, weil der Priester, der bisher hinter dem Altar zelebriert und dabei der Gemeinde das Gesicht zugewandt hatte, ihr jetzt den Rücken zukehrt und vor den Altar tritt. Der bisherige Schmuck des Altars, das seine Stirnseite deckende Antependium (antependens, davorhängend) kann nun als Retabel (Rücktafel) auf den Altar selbst gestellt werden. In Italien wird es zum ein- oder dreiteiligen Altarbild, wie es unzählige ihrer Bestimmung entfremdete Gemälde unserer Galerien zeigen. In Deutschland erhält der meist mit Skulpturen gefüllte Schrein reliefierte oder gemalte Flügel, die an Alltagen geschlossen, an Festtagen geöffnet werden können. Wenn beiderseits zwei Flügel gegeben werden, entsteht ein Wandelaltar, in dem das Kirchenjahr „blättern kann wie in einem Buch".

Die Gestalt wandelt sich in dieser Epoche so sehr, daß der Begriff „spätgotisch", der in der Baukunst einen leidlich klaren Inhalt deckt, für die Bildkunst zu weitmaschig wird. Man muß sich deshalb mit Zahlen helfen: Stil der zweiten Hälfte des 14. Jh.s, Stil um 1450 usw. Die Gegensätze, die der dramatische Wechsel in der Lebenshaltung dieser Zeit prägt, sind abzulesen an dem Wandel eines Faltenmotivs, in dem sich die Auffassung der Gestalt verdichtet (21). Das späte 13. Jh. hatte die Faltenbahn vom Fuß zur Hüfte geprägt, in die seitliche Parabelfalten münden (Reimser Joseph, Straßburger Jungfrauen und Tugenden). Die Hochgotik hatte mit diesem Motiv die Gestalt „aufgehoben", transzendent gemacht (I, S. 124). Um 1350 schreibt die Limburger Chronik: „Item darnach über ein jar, da dit sterben (Pest) dise geiselerfart, romerfart und judenslacht (Geißler-, Pilgerzüge, Pogrome) ... ein ende hatte, da hub die wernt (Welt) wider an zu leben unde frolich zu sein unde machten die menner nuwe kleidunge." Als die Zeitgenossen also das Gefühl einer epochalen Wende haben, hören auf den Bischofsgräbern und den Statuen etwa der Heiligkreuzkirche in Gemünd die Falten auf, die Gestalt zu überschwingen. Sie unterfangen sie vielmehr, lassen den breit und schwer gewordenen Oberkörper in der Parabel wie in einem Becken ruhen

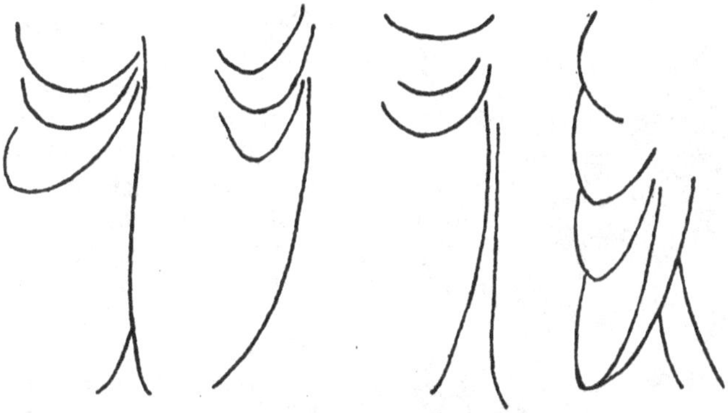

Straßburger Jungfrauen Ende 13. Jh. | Otto v. Wolfskehl † 1345 (vgl. I, Abb. 92) | Gemünder Jungfrauen um 1360 | Schöne Madonnen um 1400 (vgl. Abb. 22)

21. Spätgotische Gewandmotive.

und stützen dieses mit der ehemaligen Halbparabel, die jetzt pfeilerhaft senkrecht läuft. Die Dargestellten bekommen jetzt Leibesfülle, so daß ein kunsthistorisches Witzwort definiert: Erste Hälfte 14. ohne Bauch, zweite Hälfte mit Bauch. Die Schemata der Figur 21 a und c lassen erkennen, wie die Faltenzüge jetzt denen des späten 13. Jh.s wieder ähnlich werden. Zwei erdbezogene Zeiten entsprechen sich durch die Standfestigkeit der Gewandgerüste, während dazwischen eine jenseits-bezogene die Schwerkraft geleugnet hatte. So können Gewandfalten zu „symbolischen Formen" werden.

Die Zeit um 1400 hat sodann ein zwiespältiges Gesicht. Eine neue Welle und Nachblüte der Mystik äußert sich mit einer neuen Zügigkeit und Durchschwingung der Gestalten wie in einer innig lyrischen Beseelung, in der meist als elegische Jünglinge gegebene Männer feminin und verzärtelt erscheinen. Die herrlichsten Schöpfungen dieser Zeit sind die „Schönen Madonnen", die zusammen mit zahlreichen Vesperbildern im

22. „Schöne Madonna“ aus der Breslauer Magdalenenkirche. Um 1400.

böhmisch-schlesischen Osten zwischen 1380 und 1420 geschaffen wurden (22). Sie sind von großen Faltenzügen umschwungen, nicht mehr überschwungen, denn diese Blickbahnen kehren, wie in der einen Fuß umschwingenden „Haarnadelfalte“, stets in sich zurück (21 rechts). Wie die Gestalten selbst vollplastisch gerundet sind, wie sie im Gegensatz zu der Flächigkeit des frühen 14. Jh.s jetzt Räume zwischen Mutter und Kind bilden, so gewinnen die Falten selbst Volumen, werden schlauchhaft aufgetrieben, denen des späten 13. wieder ähnlich. Von 1400 an nehmen besonders die von den Händen gerafften Mantelgehänge an Fülle zu, fallen in vielen Röhren und gewellten Säumen beiderseits herab, und da sie allmählich symmetrisch werden, pendeln sie die Gestalt aus, nehmen ihr die einseitige S-Schwingung und lassen sie senkrecht stehen.

Insgesamt nennt man den Stil des ersten Drittels des 15. Jh.s den weichen, womit ebenso die lyrische Zärtlichkeit wie der weiche Fluß der Gewandung gekennzeichnet ist. In der Mitte des Jh.s wird alles hart: Die Achse senkrecht, die Haltung starr, der Ausdruck streng, das Gewand brüchig. Das Y-Schema, das durch fast zwei Jahrhunderte die Gewandung organisiert und die Gestalt bestimmt hatte, wird

23. Nicolaus Gerhart von Leyen, Madonna in Trier. Um 1460.

24. Veit Stoß, Maria aus der Heilbronner Verkündigung. Um 1520.

zersetzt, alle Faltenschwünge lösen sich wie in einer Durchschütterung auf, das Fließende scheint gefroren und dann gebrochen zu sein. Indem diese Brüche um 1470 immer kleinteiliger werden, löst sich die gesamte Oberfläche in zahllose Knitterungen auf. Aus dem weichen Stil ist der hart „brüchige" geworden

(23). Solche Destruktion bekommt einen positiven Sinn dadurch, daß diese wirr und heftig gegeneinanderstoßenden Faltenstege, ergänzt durch flatternde Zipfel, die bei Veit Stoß und seiner Schule um 1500 (24) die Form der „Ohrenfalte" annehmen, als Gleichnisse der seelischen Erregungen erscheinen, die diese Gestalten durchbeben. Es ist, als würde hier die religiöse Leidenschaft, das heiße Suchen der Jahrzehnte vor der Reformation in den abstrakten Gewandformen ebenso sichtbar wie in den bohrend grübelnden Gesichtern. Wieder sagt die nordische Phantasie im Gegensatz zur antiken, der das Gewand stets „Echo des Leibes" war, Seelisches in abstrakten Formen aus. Die Gesichter haben die zarte Holdheit des weichen Stils ganz verloren, die aus der Idealität einer noch höfisch mitbestimmten Haltung stammte. Um 1440 waren bürgerliche Revolutionäre aufgetreten, die Wahrheit um jeden Preis, zumal den der Schönheit suchten, in der Malerei Konrad Witz und Hans Multscher, in der Bildhauerei Meister wie der des Konstanzer Schneggs von 1438.

Das Häßliche wird hervorgekehrt, weil es das individuell Charakteristische ist. Wie in Florenz Ghirlandajo alle Sorgfalt den Warzen auf der Nase eines Alten zuwendet, so sind die Deutschen eifriger bei den Schergen Christi, die sie als zu Verbrechern entartete Psychopathen geben, als bei den heiligen Gestalten, die meist ihre Idealität bewahren. Aber auch die Propheten in Jörg Syrlins Ulmer Chorgestühl (1469—74) sind Gevatter Schneider und Handschuhmacher, die ihre Durchgeistigung aus einer Steigerung des Individuellen gewinnen. Seltsam verbindet sich in Multschers Auferstehung aus dem Wurzacher Altar von 1437 mit dem Realismus der Wächterköpfe das wundersame Auftauchen des Astralleibes Christi aus der Steinplatte. Diese zwiespältige Zeit glaubt gleicherweise an das Irdische wie an das Überirdische.

Um 1470 erwuchs aus diesem Realismus der „erste spätgotische Barock". Dieser Stil hat barocke Züge in der

25. Erasmus Grasser, Maureskentänzer. Um 1480.

heftigen Knitterung der Gewänder (23, 24) und in einer seltsamen Verschränkung der Glieder. Um der Bewegtheit willen stehen die Füße tänzelnd voreinander, und einmal wird auch ein wilder Tanz selbst Thema der Skulptur, der aus dem Orient stammende Maresken- fälschlich Maruska-Tanz genannte in Erasmus Grassers Figuren im alten Münchener Rathause (25). Die Auflösung der Figur ist nicht weiter zu treiben, als in diesen exzentrisch geschleuderten Gliedern. Im Unterschied vom echten Barock des 17. Jh.s aber werden nicht Massen bewegt, sondern spinnenbeinhaft dünne Glieder. In diesem gotischen Barock ist noch die Entkörperlichung der gotischen Gestalt bewahrt. Er bedeutet das Ende, die letzte Möglichkeit der Gotik in den Bildkünsten.

DIE RENAISSANCE

Die Baukunst.

Der erste spätgotische Barock ist in den Bildkünsten eine europäische Erscheinung. Die Maresken-Tänzer Grassers, die dünngliedrigen, den Boden kaum berührenden Figuren des Niederländers Dirk Bouts wie die jäh bewegten des Filippino Lippi und die in sehnsüchtiger Lyrik aufgeschwungenen des Botticelli sind sämtlich Varianten der abklingenden Gotik.

In der Baukunst aber gingen der Norden und Italien während des 15. Jh.s getrennte Wege, neben der nordischen Spätgotik steht die italienische Frührenaissance. Die berühmte Studienreise, die der Baumeister Brunellesco und der Bildhauer Donatello gegen 1402 zu den Resten der Antike in Rom unternahmen, befruchtete freilich zunächst nur die Dekoration. Die antiken Kapitellformen wurden wieder aufgenommen und aus den „Grotten", den unter dem Boden wiedergefundenen antiken Räumen, wurde die „Groteske" entlehnt, ein Ornament, das aus Vasen in symmetrischer Ordnung Ranken und Fabelwesen steigen läßt (43). Es wurde zuerst als Pilasterfüllung, später von der Raffaelschule in den vatikanischen Loggien als Flächenschmuck angewandt und lebt bis in den Barock weiter. Die Kirchenbaukunst der Renaissance aber begann restaurativ, mit einem Rückgriff auf die altchristliche Basilika. Die Rippe, die den Baukörper aktiviert und in Kraftbahnen auflöst, wird abgelehnt. Die Mittelschiffe von S. Lorenzo und S. Spirito in Florenz werden flach, die Seitenschiffe mit niedrigen Kuppeln gedeckt. Folgerichtig wird dann der Wegbau aufgegeben. Leon Battista Alberti gibt um 1450 die Kirche S. Francesko in Rimini, die auch eine Fassade nach dem Vorbild des dortigen Augustusbogens erhalten sollte, als Saalbau, bis endlich Bramante 1506 den Neubau von S. Peter als reinen Zentralbau, als Entfaltung des in seinem Tempietto (2) gegebenen Keimes beginnt. Hier ist das kleinteilig Feingliedrige der Frührenaissance ins Majestätische gesteigert, den neuen Idealen der gravità und grandezza (Schwere und Größe) entsprechend, hier ist die „Macht über den Raum", die das alte Rom in Politik und Baukunst besaß, wieder gewonnen. Mächtig, titanisch wirkt zumal der Mittelraum unter Michelangelos Kuppel, aber der Bau steigert nur Irdisches ins Erhabene und Ungeheure. Von den beiden im Papsttum vereinigten Elementen, dem römischen und dem christlichen, spricht in diesem die Hochrenaissance krönenden Bau nur das römische. Im Norden hat der Zentralbaugedanke der Renaissance nur um 1519 einen Entwurf, das Modell der „Schönen Maria" von Hans Hueber in Regensburg gezeitigt.

Besteht der Kirchenbau wie das religiöse Leben der Renaissance überhaupt aus vielen Kompromissen, so erscheint deren Formwille rein im Palazzo (von palatium, verdeutscht in Pfalz und Palast). Seine Grundform ist der einfache Kubus des mittelländischen Hauses, das zunächst für die Stadtwohnungen der Adelsgeschlechter in den Maßen gesteigert und neben dem für die vielen Geschlechterfehden ein in einer Plattform endender Turm errichtet wurde. Diese durch ganz Italien verbreiteten Stadtburgen haben sich nur in San Gimignano erhalten. Ihre Gestalt übernahm das Rathaus von Florenz, der Palazzo Vecchio (1299—1301). Bis hierher ist der Palazzo Zweckform, noch kaum Kunstform. Seit 1400 aber wird er zum Hauptträger der architektonischen Entwicklung, wird ebenso zeugungskräftig wie die Kirche und macht bis zum barocken Schlosse, das von ihm abstammt, eine Entwicklung durch, die geistesgeschichtlich dadurch bestimmt ist, daß seine Bewohner sich von kaum gebildeten Kriegern und Bürgern zu Humanisten von allseitig harmonischer geistiger Entfaltung wandeln, formgeschichtlich aber einen der Geschichte des griechischen Tempels und der mittelalterlichen Kirche entsprechenden Vorgang zeigt. Die Paläste der ersten Hälfte des 15. Jh.s (Pal. Pitti, Florenz (26)) zeigen meist Rustika, d. h. Quader mit roh behauener, um des Eindrucks der Trotzigkeit willen rauher Oberfläche, sind nur in der Wagerechten durch Gurtgesimse[1]) gegliedert und mit einem mächtigen, schattenden Kranzgesims geschlossen. Diese Wände sind denen frühromanischer Kirchen stufengleich. L. B. Alberti glättet in seinem Palazzo Ruccelai zu Florenz (seit 1446) die Rustika und fügt zu der wagerechten eine senkrechte Gliederung durch Pilasterordnungen (27). Meist folgen der dorisch toska-

[1]) Gurtgesims = unterteilender, Kranzgesims = krönender wagerechter Vorsprung.

26. Palazzo Pitti in Florenz. Mitte 15. Jh.

nischen Ordnung im unteren Geschoß eine ionisierende im mittleren und eine korinthisierende im oberen. Die Lockerung und Bereicherung der Kapitelle im nach oben fortschreitenden Bauvorgang entspricht dem geschichtlichen Wege. Die auf Vitruvius Pollo, dem Baumeister des Kaisers Augustus fußenden Architekturtheoretiker der Renaissance und des Barocks, deren wichtigstes Thema die Lehre von diesen „Ordnungen" ist, vergleichen wie die Alten die strenge dorische dem männlichen, die schmiegsame ionische dem weiblichen Element. Die Ordnungen haben zur Folge, daß die Fassade nicht mehr verfließt, nicht mehr, wie es etwa im Palazzo Pitti geschah, beliebig verbreitert werden kann, sondern in eine Summe von Feldern geteilt und klar begrenzt wird. Man wird an das Standfestwerden der fließenden frühromanischen Basilika durch die Lisenenfelder und die quadratischen Joche der Hochromanik erinnert, der auch die Spaltung der Wand in Schichten entspricht. Denn die Pilaster sind der Wand ebenso vorgelegt, wie die Lisenen der Romanik. Ein Unterschied liegt nur darin, daß der Pilaster im Gegensatz zur Lisene Basis und Kapitell

27. L. B. Alberti, Palazzo Rucellai in Florenz. Seit 1446.

28. Michelangelo, Hofwand des Palazzo Farnese in Rom. Um 1550.

hat, also mit eigenem Fuß und Haupt ein selbständiges Wesen ist. Daß die Lisene nur Glied im Ganzen, nicht Individuum war, mag als Gleichnis dafür gelten, daß der Einzelne erst in der Renaissance das Recht auf ein Eigenleben erhält. Auch hier wird wieder klar, daß die Antike nicht Ursache der Stilbildung war, sondern daß ihre Formen erst aufgerufen wurden, als der autonome und dem Baukörper selbst innewohnende Wandel sie forderte.

Die klassische Reife des Palazzo, den romanischen Kirchen der staufischen Klassik stufengleich, zeigt der Palazzo Farnese in Rom (das in der Hochrenaissance die Führung von Florenz übernahm), seit 1534 unter Antonio da Sangallo d. J., seit 1547 unter Michelangelo erbaut. Die Hofseiten (28) zeigen doppelschichtig gerahmte, im Hauptgeschoß mit einem zweischichtigen Rundbogenrahmen umgebene, übergiebelte Fenster statt der im 15. Jh. üblichen, der Romanik entlehnten rundbogigen Zwillingsfenster (27). Die Achsen (senkrechte Verbindungen der Arkaden im unteren Geschoß mit den Fenstern der oberen)

29. Michelangelo, Senatorenpalast in Rom. 1538 entworfen.

sind in stärkerem Relief, nicht mehr mit einfachen Pilastern, sondern in den beiden unteren Geschossen mit Dreiviertelsäulen (d. h. an die Wand gelehnten, aber im Gegensatz zur Halbsäule fast völlig frei sich vorwölbenden), im oberen mit zweischichtigen, verdoppelten Pilastern betont. Die Gesimse haben an Profil, d. h. an Vorkragung gewonnen. Das ganze System ergibt ein klassisch harmonisches Spiel der tragenden und lastenden Kräfte, wie es zuerst der antike Tempel geformt hatte, ein Sinnbild der klassisch gebildeten, geistig in sich ruhenden Bauherren dieser Paläste, die auch dann keine Beziehung auf ein Außerirdisches formen lassen, wenn sie, wie der Kardinal Alexander Farnese, kirchliche Ämter bekleiden. Nun entsprechen auch die Ordnungen und Gliederungen getreu den antiken römischen Vorbildern, teils dank deren Nachmessung, teils dank den Lehren des Vitruv, dem zu Ehren 1542 in Rom eine „vitruvianische Akademie" gegründet wurde. Nach dem zwiespältigen Vorspiel der Frührenaissance (15. Jh.) ist die Hochrenaissance (Anfang des 16. Jh.s) wirklich antikisch.

Noch Michelangelo selbst, der Vollender des Palazzo Far-

30. Friedrichsbau (links, 1601—04) und Ottheinrichsbau (rechts, um 1560) des Heidelberger Schlosses.

nese, hat in den Bauten um den 1538 entworfenen Kapitolsplatz in Rom (Senatoren- und Konservatorenpalast, Kapitolinisches Museum (29)) den ersten Schritt von der Hochrenaissance in den Barock getan, indem er Kolossalpilaster durch die Gesimse steigen ließ und dadurch die vorher selbständigen Geschosse durch eine Vertikalbewegung verschmolz, die Summe ebenso zur Einheit verband, wie es einst die Gotik mit den Teilen der romanischen Basilika getan hatte.

In Italien war die Renaissance Setzung junger, unverbrauchter Formkörper und zugleich die Wiedererweckung des nationalen Erbes. Für den Norden entfiel dieser zweite Impuls, für ihn waren die antiken Formen ein nur den humanistisch Gelehrten verständliches fremdes Lehngut. Weil zudem der Norden viel stärker religiös gebunden war, dem Mittelalter länger verhaftet blieb als Italien, war hier nicht nur das ganze 15. Jh., das in Italien Frührenaissance heißt, noch Spätgotik, sondern diese lebte auch im 16. Jh. noch lange nach. Deshalb ist vieles, was in der Baukunst „Deutsche Renaissance" heißt, entweder nicht eigentlich Renaissance, oder es ist nicht deutsch.

Selbst die von Italienern auf deutschem Boden um die Mitte des 16. Jh.s gebauten Schlösser: Belvedere Prag (begonnen 1536), Residenz Landshut (beg. 1536), Piastenschloß Brieg (beg. 1547), Fürstenhof Wismar (beg. 1553), Landhaus Graz (beg. 1556), Schloß Güstrow (beg. 1558) entsprechen nicht der Hochrenaissance, sondern den Deutschland räumlich und geistig nächstliegenden oberitalienischen Bauten des 15. Jh.s, die noch mehr Spätgotik in sich haben, als die florentinischen. Die Hochrenaissance sucht großformige Stille und regelhafte Klarheit. Die Spätgotik hatte kleinteilige Bewegtheit und irrationale Verunklärung gewollt. Sie vererbte dem deutschen 16. Jh. die Freude an der Überladung mit krauser Zier und an asymmetrischer Willkür. Deshalb ist selbst das klassischste deutsche Werk, der wohl seit 1547 von Hans Engelhardt errichtete Ottheinrichsbau in dem 1689 von den Franzosen zerstörten Heidelberger Schloß (30), obwohl er vom italienischen Palazzo abstammt und aus dessen Ordnungen entwickelt ist, nicht eine „reine", nur durch die Harmonie der Verhältnisse wirkende Architektur, sondern mit Figuren durchsetzt und mit Zier übersponnen. Die Pilaster sind rustiziert oder mit Grottesken gefüllt, über den Fenstern sitzen Giebel mit Putten, die Medaillons tragen oder beiderseits geschwänzte Nereiden. Das Portal ist völlig aufgelöst in Karyatiden, Wappenfelder und Zierstücke.

Die Rathäuser vollends unterscheiden sich von den spätgotischen nur durch die Ersetzung der spitzbogigen durch rechteckige Fenster (31). Der alte Vertikalwille lebt aber weiter in steilen Dächern, die Dachhäuschen (= Gaupen, kleine Giebelfenster) tragen, in Giebeln und dem selten fehlenden, luftig in durchbrochenem Zimmerwerk endenden Turm. Dieser steht wie der Erker nie symmetrisch, sondern sucht die Reize unregelmäßiger Überschneidungen. Die Zunft- und Bürgerhäuser geben den

31. Rathaus zu Altenburg i. Thür. 1562/64.

32. Heilbronn, Haus mit Schweifwerkgiebel. Um 1600.

Giebeln meist durch Obelisken und Schweifwerk (32) aufgelöste Seiten.

Fast das ganze Zierwerk, das diesen krausen Reichtum erzeugt, ist selbst an den aus heimischem Fachwerk errichteten Bürgerhäusern dem Süden, zumal Oberitalien entlehnt: Das Akanthuslaub, die Groteske, die Masken, Putten, Medaillons, Karyatiden und Muscheln. Sie wurden durch einen neuen Kunstzweig verbreitet, den Ornamentstich, der den Baumeistern, Bildhauern, Schreinern und Goldschmieden ihre Motive vermittelt.

Diese Fülle des Lehngutes läßt beinahe vergessen, daß die Grundhaltung der deutschen Renaissance eine durchaus eigene und unitalienische ist. Manche haben sie am klassischen Ideal der „stillen Einfalt und edlen Größe" gemessen und deshalb ihre Überladenheit und willkürliche Regellosigkeit getadelt. Gewiß fehlt dieser Kunst in ihrem ausgesprochen kleinbürgerlichen Charakter, über den sich selbst die Fürsten kaum erheben, die monumentale Würde der aristokratischen Hochrenaissance. Aber in dem horror vacui, dem Fülldrang der Deutschen, ihrer Freude an der bis zur Kleinlichkeit kleinteiligen Zier steckt ein hoher Anspruch des Auges, das noch von der Spätgotik her an schwierige Blickaufgaben gewöhnt ist. Der eine stille Großformigkeit suchende amor vacui des Südens, die Liebe zur leeren Fläche und reinen Wand kann auch aus einer Trägheit oder Ermüdung des Auges verstanden werden, das einfache und leichte Blickaufgaben verlangt.

Um 1600 gabelt sich die deutsche Entwicklung. Vielfach geht der aus der Spätgotik stammende Wille zur bewegten, kleinteilig reichen Form unmittelbar in den Barock über. Daneben aber kommt mitunter eine ernste, strenge Großformigkeit auf, wie sie in den Bild- und Baukünsten ganz Europas um alle Jahrhundertwenden zu beobachten ist, eingeschlossen von auflösenden Tendenzen der Jahrhundertmitten. Am sichtbarsten ist dieser Umschlag in der wieder auf die Hochrenaissance zurückgreifenden Monumentalität des zwischen Mailand und Malta tätigen Malers Caravaggio, wie auch in den Fassaden etwa eines Vignola (S. 64). Die deutsche Baukunst, welche die erste Epoche monumentaler Renaissance nach 1500 überschlagen hatte, vertritt die zweite mit großartigen Werken, von denen die wichtigsten die Rathäuser zu Augsburg (1614—20) und Nürnberg (1616—22) und das Schloß zu Aschaffenburg (1605—14) sind. Die zahlreichen Entwürfe des Stadtbaumeisters Elias Holl für das Rathaus zu Augsburg (33) führen von der Anlehnung an die der Spätrenaissance angehörenden italienischen Erben des Palazzo-Baues zu der eigenen und eigentümlich deutschen Lösung, die nach Holls eigenen Worten ein „heroisches Ansehen" haben sollte und die eine völlig rationale Klarheit erreicht. Im Grundriß schneiden sich zwei große Säle, im Aufbau durch

33. Elias Holl, Rathaus zu Augsburg, 1614—1620.

Giebel und Türme betont, zwischen denen die füllenden Räume in den Winkeln zurückbleiben. Das Äußere gibt eine „reine", schmucklose, nur durch die wechselnden Verhältnisse der Fenstereinschnitte belebte Architektur. Hier wie in der mächtigen, ernsten, aus dem Typus der Wasserburg entwickelten Vierturmanlage des Aschaffenburger Schlosses von Georg Ridinger und verwandten Bauten ist nach der Erschöpfung der Gotik und dem Zwischenspiel des 16. Jh.s wieder eine strenge, junge Form gefunden, auf der eine neue Entwicklung, die des Barocks aufbauen kann. Diese Werke dürfen deshalb, obwohl sie die Form noch in der Ruhe geben, auch Frühbarock genannt werden. Erst von ihnen aus ist die Rolle der Renaissance in der deutschen Baukunst zu beurteilen. Sie unterbrach nicht, wie man gesagt hat, die natürliche Weiterentwicklung des nordischen Volksstiles, sondern füllte nach dem Absterben der mittelalterlichen Formen eine Brache und verdichtete sich zum Unterbau des Hochbarocks.

Die Bildkünste.

Das 15. Jh. erkannte das Sein nur in seiner realen Verkörperung. Deshalb waren seine geschichtlichen Aufgaben die Entdeckung des principium individuationis und die Gewinnung der sichtbaren Welt durch ihre Nachgestaltung im Bilde. Zu Ende dieses Jahrhunderts waren beide Aufgaben weitgehend gelöst. Auf dem Gewonnenen konnte die Hochrenaissance die Verdichtung der Mannigfaltigkeit zu Idealbildern der Schönheit aufbauen. Wieder ist das Ziel ein Sinnbild, nicht ein Abbild. Raffael spricht von „einer gewissen Idee, die mir in den Sinn kommt", Dürer vom „versammelt heimlichen Schatz des Herzens". Aber diese Idee ist nicht mehr wie im Mittelalter deduktiv aus der Offenbarung, sondern induktiv aus der Erfahrung gewonnen, ist die Reinigung und Erhöhung der sichtbaren Vielfalt und Zufälligkeit auf das Wesentliche. So unterscheidet sich der Idealismus der Hochrenaissance als ein naturalistischer, von der Natur gewonnener, von dem Spiritualismus des Mittelalters wie von dem Realismus des 15. Jh.s und berührt sich mit der Ideenlehre Platos wie mit der ihm entsprechenden

34. Madonna im Mainzer Dom, um 1520.

antiken Klassik. Wie in dieser ist die Schönheit der Ausdruck der Vollkommenheit, entspricht das ästhetische Ideal einem ethischen. Die vollendete Harmonie, das Ausgewogensein nach allseitiger Entfaltung soll im Menschen wie im Bau und Bild verkörpert werden. Diese Harmonie versucht man, da die Geistigkeit der Renaissance auf rationalem Grunde ruht und auch ihre Kunst mit der Wissenschaft verschwistert ist, mit dem rechnenden Verstande festzulegen. Was in der Baukunst möglich ist, die Festlegung der idealen Proportionen in Zahlen, soll auch für die menschliche Gestalt gelingen. Dürer ringt sein Leben lang um das Geheimnis des Schönheitsgesetzes, in dessen Besitz er die Italiener glaubt.

Wo die Schönheit wirklich gewonnen wurde, da beruhte sie aber doch auf dem Gefühl, und sie wurde von den Deutschen auch unabhängig vom Süden gefunden. Während die Baukunst, wo sie sich von der Spätgotik befreite, südliche Vorbilder nachahmte, gelangen den Bildkünsten klassische Werke auch aus eigenständigem Wachstum, das den Gegensatz zu der Bewegtheit der dünngliedrigen Gestalten aus der Zeit

35. Albrecht Dürer, Selbstbildnis, um 1492.

um 1470 und ihrer knittrigen Gewänder suchte. Die Mainzer Madonna des Bildes 34 weiß nichts von der sixtinischen Raffaels und hat doch viel von deren stiller Hoheit, die aus der Bändigung und Klärung der im Gewand nachzitternden spätgotischen Erregungen gewonnen ist. Die Heiligen der Schwaben Zeitblom und Strigel wie die Münchener Kreuzigung Lucas Cranachs von 1503 haben ihre Größe und Würde aus sich selbst. Auch das neue Verhalten des Renaissance-Menschen zur Welt hat Deutschland unabhängig von Italien gefunden. Wie ein Gleichnis von der Erkenntnis der irdischen Gesetze wirkt Adam Kraffts Nürnberger Stadtwage (36), auf der die Gewichte gewichtig lasten, wie die Gestalten jetzt schwer auf ihren Füßen stehen, die nicht mehr in spitz ausgezogenen, sondern breit gerundeten Schuhen stecken (den sogenannten Kuhmäulern) — ein Beispiel für die Symbolisierung von Lebenshaltungen in Modelaunen. Und das Problem Ich und Welt, das Verhältnis des nun auf sich selbst gestellten Menschen zum Leben, ist tiefgründiger als bei allen Italienern in dem Erlanger Selbstbildnis gespiegelt, das den jungen Dürer, den Kopf grübelnd in die Hand gestützt, vor seiner ersten Italienfahrt zeigt (35), diesen universalsten deutschen Bildner, der in seiner Apokalypse die vorreformatorischen Geistesspannungen in spätgotischen Liniengeflechten ausdrückt, im Rasenstück und in den Landschaftsaquarellen den Feldzug der Frührenaissance zur Eroberung der sichtbaren Welt zu neuen Siegen führte, in den Münchner Aposteln das nur schöne

36. Adam Krafft, Die Nürnberger Stadtwage. 1497.

Vorbild des Giovanni Bellini zu Sinnbildern des verantwortungsvoll schaffenden männlichen Geistes erhöhte.

Durchkreuzen sich schon bei Dürer die verschiedensten Geisteshaltungen und Formstile, so bildet die ihn umgebende Kunst ein verwirrend vielspältiges Bild. Als Zeitgenossen schaffen der ältere Holbein, ein Mann der Spätgotik und der kühl objektive jüngere Holbein, Klassiker aus eigenständigem Wachstum wie Peter Vischer d. Ä. und seine mitunter dem italienischen Vorbild völlig erliegenden Söhne, und kaum zu beantworten ist die Frage nach der stilistischen Stellung Matthis Gothardts, den wir uns nach einem alten Irrtum Grünewald zu nennen gewöhnt haben und der mittelalterliche Visionen in renaissancehaft mächtigen Gestalten gibt.

DER MANIERISMUS UND DIE KUNST DER GEGENREFORMATION

Die Klassik, der man nach einem alten Schema das ganze 16. Jh. zuzurechnen pflegt, ist tatsächlich nur ein schmaler Grat und dauert kaum zwanzig Jahre. Um 1515 setzte eine Krise ein, aus der verschiedene Kunstrichtungen hervorgehen. Die konservativste ist die „Spätrenaissance", in der die stille Größe und festliche Diesseitsfreudigkeit der Hochrenaissance bewahrt bleiben. Zu ihr gehören in der Malerei Paolo Veronese, der Venezianer Erbe Tizians, in der Baukunst Palladio, der Vicenza sein unsterbliches Antlitz gab und auf dem die klassizistische Kunst des 17. und 18. Jh.s zumal in Frankreich und England beruht.

Eine zweite Richtung ist der Vorbarock, die Stufe der offenen nach der geschlossenen Form, der bewegten nach der ruhenden, der affektvollen nach der harmonisch stillen. Diese Stufe muß wie das Wellenband auf den Kreis in der Bronzezeit, wie der Hellenismus auf die griechische Klassik, notwendig auf die klassische Hochrenaissance folgen. Auch die Mitte des 13. Jh.s brachte nach einer erschöpften Klassik, damals der staufischen, Ansätze zum Barock. Ein Wasserspeier an S. Urbain in Troyes etwa gab das Rubens-Motiv des von einem Löwen angefallenen Ritters, die Kreuzgruppe des Naumburger Lettners das Leid Mariä und Johannis ins Pathetische gesteigert. Seit 1515 wandeln die großen Träger der Hochrenaissance Raffael, Michelangelo, Tizian, Correggio die klare Stille in komplizierte Überschneidungen und Bewegungen und mitunter, wie Raffael in seiner Transfiguration, in jähe Affekte. Deutschland, das neben und in der Klassik viel Spätgotisches bewahrt hatte, zeitigt im 2. Jahrzehnt des 16. Jh.s den „zweiten spätgotischen Barock" (37). Er unterscheidet sich vom ersten dadurch, daß er die Klassik „aufhebt" im Hegelschen Doppelsinne dieses Wortes: beseitigt und bewahrt zugleich. Er beseitigt die Stille der Klassik in heftiger Bewegtheit, aber bewahrt sie, indem er die Bewe-

37. Klaus Berg, Apostel Jacobus minor, Güstrow, 1533—35.

38. Hans Leinberger, Madonna, Landshut, um 1525.

gung nicht mehr in der entkörperlichten gotischen Linie darstellt, sondern in der von der Klassik gewonnenen körperlichen Masse.

Wie um 1250, war aber der Barock um 1515 verfrüht, weil er noch nicht von der geistigen Voraussetzung eines allgemeinen Barocks, der Steigerung und Überhöhung des Ich- und Weltgefühls getragen wird, die erst das 17. Jh. erreichte. Deshalb bleibt es nach der staufischen wie nach der Renaissance-Klassik bei vereinzelten Ansätzen zum Barock. Der Anlauf zu einem allgemeinen barocken Stil war beide Male ein Anachronismus und scheiterte. Auf dieses Scheitern folgte ein Stil, der Manierismus heißt nach dem damals beliebten Begriff „maniera“ = Manier, der Stil schlechthin bedeutet, mit dem wir aber abschätzig einen Stil zu bezeichnen pflegen, der ererbte Formen ohne den Sinn und Gehalt weiter trägt, von dem sie geprägt waren, in dem die geistige Aufgabe und Notwendigkeit der Kunst aussetzen und die Formen im Leerlauf zum Virtuosen wuchern. Wie im gleichzeitigen literarischen Manierismus, den Voßler als „Flucht aus der Sache ins Wort“ kennzeichnet, das Wortspiel an Stelle der Aussage von Gedanken tritt, so treiben die Bildkünste ein Formenspiel um seiner selbst willen. Sie stehen unter der gewaltigen Wirkung des Michelangelo, wiederholen seine titanischen Leiber, verflachen aber deren bleischwere, zum Ausdruck eines Leidens am Leben ringende Bewegungen zu artistischer Dekoration.

Nun ist es denkwürdig, daß ein solches Wuchern von Formen in geistigem Leerlauf schon einmal vorkam, im späten 13. Jh., etwa beim Reimser Josef und bei den Straßburger Tugenden. Beide Male ging eine klassische Epoche voraus, dort die staufische Klassik, hier die Hochrenaissance. Der Manierismus spiegelt also die Krise nach der Blüte der klassischen Zeiten und nach dem Scheitern des Anlaufs zum Barock. Denn Vorbarock und Manierismus sind, wenn sie sich auch vielfach durchdringen, nicht gleichzeitige Stufen, sondern jener gipfelt im zweiten, dieser im dritten Jahrzehnt des 16. Jh.s.

Der Manierismus ist aber nicht nur hohles Virtuosentum, er hat auch eine entwicklungsgeschichtliche Aufgabe. Er zeitigt häufig eine Form, die zur Vermittlung zwischen Klassik und Barock berufen ist. Die italienische Kunsttheorie nannte sie „figura serpentinata“, die schlangenhaft geschwungene Gestalt. Als passiv bewegt steht sie zwischen der Ruhe der Klassik und der aktiven Bewegung des Barocks, als Linienschwung zwischen den Liniengebäuden der Klassik und den wallenden Massen des Barocks. Sie ist neben Archaik, Klassik und Barock die vierte Grundhaltung der Gestalt und wird, weil sie im Gegensatz zu der nur virtuosen „manierierten“ Form einen starken Ausdruck trägt, mit dem

Begriff „manieristisch“ von jener unterschieden, sollte aber nach der Zeit ihrer weitesten Verbreitung besser „gotisch“ heißen. Dieser Begriff hätte also wie „klassisch“ und „barock“ eine doppelte Bedeutung. Er gälte erstens zeitlich der Epoche um 1300 und zweitens systematisch für alle Zeiten, die eine entsprechende Bewegungsform hervorbringen. Das geschah zuerst im 4. vorchristlichen Jh. um Praxiteles, dessen Apollo Sauroktonos mit seiner Achse das S der figura Serpentinata beschreibt (I, S. 41). Er gibt sich passiv einer Kraft hin, die aber nicht wie in der Gotik eine spirituelle, den Menschen ins Jenseits aufhebende ist, sondern, dem leiblichen Denken der Antike gemäß, aus der Schwerkraft stammt, gegen die er Halt an dem Stamm sucht. Wie hier die „gotische“ Haltung, die lineare, passive Bewegung zur aktiven Massenbewegung des hellenistischen Barocks hinüberleitet, so vermittelt sie in der eigentlichen Gotik von der Klassik des 13. zum spätgotischen Barock des 15. Jh.s und nach der Renaissance zum echten Barock. Diese „vierte Grundhaltung“ tritt ferner vereinzelt auf in ottonischer Zeit, etwa in den Evangelisten vom Deckel des Münchner Codex Aureus und nach 1100 in der Tousaner Schule, zumal im Petrus und in der Heimsuchung von Moissac, wie nach 1730 in der deutschen Plastik des Spätbarocks, besonders bei Ignaz Günther, beide Male wieder in Übergangszeiten, die aber hier ein umgekehrtes Vorzeichen haben, von gelöster zu linear gebundener Form führen.

In der christlichen Kunst durchdringt sich mit dieser formalen Aufgabe der „gotischen“ Haltung, zwischen Stilen zu vermitteln, meist auch eine geistige, der Ausdruck der Transzendenz, der Jenseitssehnsucht, wie sie die eigentliche Gotik beherrscht und als „Nachgotik“ beim Erlahmen der Hochrenaissance, in Ankündigung oder Folge der Gegenreform wieder auftritt. Die schlanken, langen Leiber werden durch das flammenhafte, der natürlichen Gewichtigkeit widersprechende Schwingen ihrer Achsen und Faltenbahnen zu sehnsüchtigem Sich-Recken „aufgehoben“. Glieder und Gewand fließen parallel, in einer „Konsonanz“ (Pinder), statt des „Kontrastes", der in der Klassik zur Harmonie beruhigt ist und im Barock die Massen gegeneinander bewegt. Die Köpfe sind auf den gotischen und nachgotischen Körpern klein, um ihr Steigen nicht zu hindern, so daß nicht, wie es natürlich wäre, $6^1/_2$, sondern bis zu neun Kopflängen in der Körperlänge enthalten sind. In der Nachgotik, zumal bei Greco wird zudem der Kopf durch eine wieder symbolische Mode, den Henri-IV.-Bart, unten spitz gemacht. Er nimmt dieselbe Gestalt des auf die Spitze gestellten Dreiecks an, der Umkehrung der klassischen figura piramidale, wie häufig die Gesamtkomposition des Bildes, zumal bei Greco, das nicht mehr auf breiter Basis standfest ruht, sondern sich kelchhaft nach oben weitet. Dieser nach seiner Heimat Kreta „Il Greco", der Grieche genannte Domenico Theotocopuli (um 1547—1614), der im Ursprungslande der Gegenreform, in Spanien, seine Wahlheimat fand, hat sich der diesseitigen Welt verschlossen und seine Visionen aus dem Geiste der spanischen Mystik in verdunkeltem Atelier gemalt (39).

Der in Greco gipfelnde und endende, mit transzendentem Gehalt erfüllte Gegenschlag gegen die immanenten Formen der Klassik setzte früher ein, als die Reformbewegung in der verweltlichten Kirche selbst. 1534 wurde der Jesuitenorden gegründet. 1545—1563 tagte das Konzil zu Trient, das die Dogmen festigte, die Kirche reinigte und ihr neue Stoßkraft gab. Schon 1522 bis 1524 aber malte Jacopo Pontormo seine Fresken in der Certosa di Val D'Ema bei Florenz, die alles vom Quattrocento Gewonnene wieder preisgaben, die Figuren unperspektivisch und schwerelos in S-Form aufschwingen ließen. In Deutschland, wo die Klassik nicht allgemein Fuß gefaßt hatte, gab um 1520 Hans von Köln in seinem Altar von Ehrenfriedersdorf im Erzgebirge die Schwere der Figuren und die Tiefe des Raumes auf, ließ mittelalterlich denkend die Passion aus symbolisch-antitypischen[1])

[1]) D. h. prophetisch vorwegnehmend, z. B. Mannalese für das Abendmahl Errettung des Jonas für die Auferstehung Christi.

39. El Greco, Apokalypse, Eröffnung des 5. Siegels. Um 1600.

Szenen des Alten Testamentes steigen. Schon 1513—1515 nahm der Niederbayer Hans Leinberger (38) im Moosburger Altar, 1515—1517 der mittelrheinische Hans Backoffen im Gemmingen-Grabmal des Mainzer Domes die hochgotische, seit 1440 vergessen gewesene Y-Form der Gewand-Schwünge wieder auf, die zwar nun zu massigen Schläuchen aufgetrieben sind, aber doch wie im frühen 14. Jh. die Gestalt, alle Schwerkraft verleugnend, überschwingen. Dieses Schema hat die doppelte Aufgabe, vertikale Kräfte in die Figur zu bringen und zugleich das wirre Faltengewoge zu organisieren, in das der zweite spätgotische Barock die Gewänder aufgelöst hatte. Dieser Barock ist aber von der Nachgotik nur theoretisch zu trennen. Oft wird die Form zugleich durchwühlt und durchschwungen, wie bei dem Österreicher Andreas Morgenstern und bei Meister H. L., dem Schöpfer der oberrheinischen Schnitzaltäre zu Breisach und Niederrotweil.

Um die Stilverwirrung um 1520 vollständig zu machen, durchdringt sich die manieristische oder nachgotische Form nicht nur mit der frühbarocken, sondern auch mit der manierierten, mit dem Leerlauf des Virtuosentums, so etwa bei Lucas Cranach (1472—1553), dessen zur Unterhaltung fürstlicher Auftraggeber in seiner Wittenberger Spätzeit unter mythologischen Bezeichnungen gemalte Püppchen die Durchschwingung und das unfeste Stehen der Hochgotik in pretiöses Spiel übersetzen.

Manieriertes und Manieristisches, nur Artistisches und Nachgotisches konnten sich deshalb vielfach verschmelzen, weil beide die freie, stolze Lebensfreude der Klassik verloren haben. Wenn Michelangelo im Treppenhaus der Bibliotheca Laurenziana (Florenz) 1523 die Säulen in die einengende Wand drückt, oder wenn der Florentiner Bronzino (1502—1573) die Gestalten seiner Allegorie der Liebe in ein künstliches Kompositionsschema preßt, beugt die Form sich ebenso einem Zwang, wie der Italiener dieser Zeit sich der Starrheit des spanischen Hofzeremoniells unterwirft, in dem er seine glückhafte Selbstsicherheit aufgibt. Aus den blassen Gesichtern sprechen Zweifel, Angekränkeltsein und Lebensangst. Den kraftvollen Körpertyp verdrängt der schmal „asthenische". Die Farbigkeit zeigt nach dem klassischen Strahlen „verwesende" Töne. Deshalb tritt „Gehaltenwerden" an Stelle der „Haltung" (Pinder), und dies Gehaltenwerden kann zur Starrheit führen, zur Maskenhaftigkeit des Gesichts, zur Umpanzerung des Leibes, oder zum Aufgehobenwerden des nicht mehr daseinsfrohen Menschen ins Jenseitige durch die

Gegenreform und durch die gotische Bewegungsform. So folgen aus der gleichen geistigen Haltung das „Manierierte" mit sozusagen negativem, das „Manieristische" mit christlich-positivem Vorzeichen.

Die deutschen Bildkünste erschöpfen sich um 1530 in diesem Ausströmen verschiedenster Möglichkeiten. Ihm folgt bis zum Ende des 17. Jh.s eine Brache und Leere, die ihren äußeren Grund in dem Sterben der großen Meister ohne Nachfolge hat. Nicht erst, wie man sagt, der dreißigjährige Krieg trägt Schuld daran, daß das deutsche Schaffen in allen Künsten so spärlich wird. Auch daß der bis zum jesuitischen Gegenstoß durch fast ganz Deutschland verbreitete Protestantismus der Kunst — mit Ausnahme nur der Musik — gleichgültig gegenübersteht, und ihr kaum Aufgaben stellt, nachdem die Stiftung von Kunstwerken nicht mehr als „Gutes Werk" und als entsühnend gilt, ist nicht das Entscheidende. Vielmehr scheinen die geistigen Kräfte des Volkes sich zu der Zeit des Hutten-Wortes: „Litterae saecula — iuvat vivere (Wissenschaft, Jahrhundert, es ist eine Lust zu leben)" in einer der Menge wie dem Rang der Werke nach beispiellosen Produktion erschöpft zu haben. Zudem fehlen große Ziele und Aufgaben. An Zahl der Kirchen hatte das Mittelalter für den Bedarf von Jahrhunderten vorgesorgt. Die großen Ideen der Bildkünste: Die Gewinnung des Menschen und der Welt wie der klassische Wille zur Harmonie waren erschöpft. Der einzige große Impuls des nachklassischen 16. Jh.s, die Gegenreform, ging von den romanischen Ländern, von Spanien und Italien aus. Für eine profane Kunst war aber erst in Italien, noch nicht in dem religiös tiefer gebundenen Norden der Boden bereitet.

In der Baukunst blieb Deutschland neben den Renaissanceformen bei einer Restauration des Mittelalters. Der Würzburger Juliusstil, nach einem Bischof so genannt, und zumal die Kirchen der Jesuiten in Köln, Bonn, Koblenz, Paderborn ersetzen die nur festlichen Formen der italienischen Klassik wieder

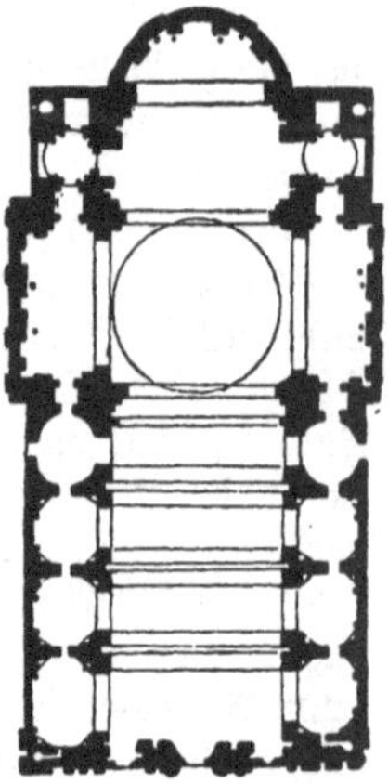

40 u. 41. Jesuitenkirche Il Gesù, Rom, von Vignola. Fassade von Giacomo della Porta und Grundriß. Seit 1568.

durch die sakralen der Romanik und Gotik. Die italienischen Gegenreformatoren, zumal die weltkundigen Jesuiten, wußten aber, daß eine solche Restauration keine Zukunft enthielt und daß gar eine reine Reaktion, eine Rückkehr zum Urchristentum, wie sie die mittelalterlichen Mönchsreformen versucht hatten, nach der Renaissance aussichtslos war, die deshalb von der Kirche nicht verleugnet, sondern mit christlichem Denken durchtränkt und verwandelt wird. Der katholische Kirchenbau verschmilzt nun bis ans Ende des Barocks zumeist Lang- und Rundbau in der zuerst von der römischen Jesuitenkirche Il Gesù (= Jesus, seit 1568, [40, 41]) geprägten Form. Das Langhaus ist ein einschiffiger Saalbau, mit einer Halbtonne überwölbt, deren Schub Kapellenreihen beiderseits des Langhauses aufnehmen, die zugleich den Nebenaltären Raum geben. Wer durch diesen dunklen Saal

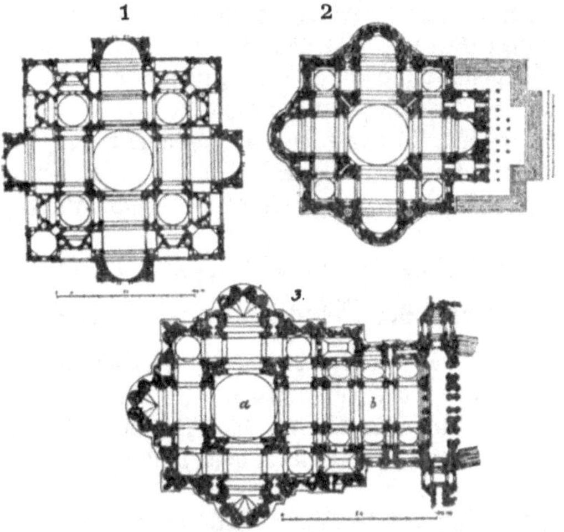

42. Grundrisse der neuen Peterskirche in Rom von Bramante (um 1510), Michelangelo (um 1550) und Maderna (um 1610).

schreitet, wird angezogen von der Lichtfülle, die aus der zwischen ihm und dem Chor gewölbten Kuppel flutet. So ergänzen sich Lang- und Rundbau wie Erwartung und Erfüllung. Die Fassade, nur ein Vorspiel für die alles beherrschende Kuppel, deckt mit einem breiteren unteren Geschoß auch die Kapellen, das obere entspricht nur dem Querschnitt des Saales und ist mit einem flachen Giebel geschlossen.

Dieser Gesù-Typ ist die bis zum Hochbarock, zur Mitte des 17. Jh.s, herrschende Kirchenform und hat in allen Ländern unzählige Nachfolger gefunden. In Deutschland ist der erste die Michaelskirche in München (1583—1597), die Herzog Wilhelm V. den Jesuiten gestiftet hat. Im Sinne des Gesù ist auch die christliche Mutterkirche, S. Peter in Rom, vollendet worden (42). Gegen den vom konservativen Kardinalskollegium geforderten Langbau hatte Papst Julius II. für den Zentralbau entschieden, den Bramante begonnen und Michelangelo mit seiner Kuppel geschlossen hat. Zwischen 1607 und 1612 aber baute Maderna dem Zentralbau ein Langhaus an. Es ist ein Gleichnis für den Erfolg des Gegenstoßes, den das Christentum gegen die klassische Hochrenaissance führte. Der Gedanke der Transzendenz, aus dem Alt-S. Peter entstanden war, hatte endlich doch über den in Bramantes Neu-S. Peter dargestellten der Immanenz gesiegt.

BAROCK UND ROKOKO

Die Zier von der Renaissance bis zum Rokoko.

Der Wandel des Formwillens ist jetzt übersichtlich am Ornamentstich abzulesen, der, ein echtes Kind der Neuzeit, der Baukunst und dem Kunstgewerbe auf dem Papier die Motive vermittelt, die im Mittelalter die lebendige Tradition der Bauhütte vererbt hatte.

Bis zur Mitte des 16. Jh.s herrscht die Groteske, deren Hauptelement das im Sinne der klassischen Hochrenaissance aus der Natur gewonnene, aber über sie erhöhte Akanthuslaub ist (43). Nach 1540 magert es ab und kommt der Maureske entgegen, die um 1550 die herrschende Zierform wird (44). Sie zieht die Blätter zu abstrakten Schwüngen zusammen und wandelt deren erfahrene Bewegtheit in eine erfundene. Diese Entfremdung von der Natur vollzog sich zum erstenmal, wie A. Riegl in einer vorbildlichen Untersuchung gezeigt hat, nach der Erschöpfung der Antike, also besonders während des 5. Jh.s n. Chr. in Byzanz und Ägypten, wo das später vom Islam aufgenommene und durch seinen ganzen Herrschaftsbereich verbreitete Ornament der Maureske oder Arabeske geprägt wurde.

Es ist fast ein Jahrtausend auch vom Abendland nicht beachtet worden, bis dieses, als seine eigne Klassik erschöpft war, in eine der Entstehungszeit der Maureske verwandte stilgeschichtliche Lage kam und nun diese Form aufgriff, die im Blatt dasselbe vollzieht wie die Nachgotik in der Figur: Die Wandlung der

43. Barthel Beham, Groteske, um 1530.

44. Hans Holbein d. J., Entwurf zu einer Kanne mit Maresken, um 1537.

organisch-natürlichen in eine anorganisch-abstrakte Bewegung. Deshalb kann die Mareske das Ornament der manieristischen Nachgotik genannt werden.

Eine Zukunft konnte diese Lehnform nicht haben, deshalb wurde sie gegen Ende des 16. Jh.s in Deutschland von einer Neuprägung, einem jungen, unverbrauchten Formkörper abgelöst, dem Beschlagwerk (45). Es besteht aus Bändern oder Leisten, die, als seien sie aus Holz oder Eisen, dem Grunde aufgenagelt zu sein scheinen. Eine uralte handwerkliche Zweckform wird plötzlich zur zweckfreien Zierform und zum Träger der ornamentalen Entwicklung erhoben. Dieses Beschlagwerk ist mit seinen einfachen, ungegliederten, bewegungslosen Leisten eine Grund- und Anfangsform, wie in der Frühromanik das Würfelkapitell. Es steht auf der gleichen Stilstufe wie die Summe bewegungsloser, klar voneinander geschiedener Kuben, aus denen etwa das Augsburger Rathaus 1614—1620 errichtet wurde. Wie dieses „reine" Architektur, ist das Beschlagwerk „reines" Ornament, enthält keinerlei lockernde und bereichernde Entlehnungen aus der Natur. So ist um 1600 in der Zier wie in der Baukunst der Grund für eine neue Entwicklung, die zum Barock führende, gelegt. Sie beginnt in der Zier damit, daß das anfangs einschichtige

45. Ornamentstich: Beschlagwerk. 1596.

46. Ornamentstich: Knorpelwerk. Um 1640.

Beschlagwerk mehrschichtig und an den Enden gekrümmt wird. In dieser Gestalt wird es von den Goldschmieden an Kannen, von den Schreinern an Schränken und Holzgetäfel verwandt. Die Baumeister setzen es als „Schweifwerk" auf die Schrägen der Giebel, verbinden es mit Voluten und Obelisken und lösen so deren Silhouetten auf (32).

Auf das Übereinanderlegen mehrerer Schichten folgt ihre Durchstoßung durch die Aufbiegung und Einrollung der Enden der „Beschläge", die dadurch zum „Rollwerk" werden, in dem der Norden wieder einmal aus abstrakter Phantasie seltsame und hintergründige Gebilde erstehen läßt.

Nachdem das starre Beschlagwerk im Schweif- und Rollwerk mit Bewegungen erfüllt worden ist, wandelt es um 1620 seinen Aggregatzustand, wird zähflüssig und treffend als Knorpelwerk bezeichnet (46). Wie der Knorpel ein Zwischending zwischen Knochen und Fleisch ist, so hält diese kuriose Zier die Mitte zwischen anorganisch-abstrakten und naturhaften Dingen, bildet

47. Ornamentstich: Akanthoswedel. 1681.

48. Ornamentstich: Bandelwerk. Um 1720.

Fratzen, Masken und ohrmuschelähnliche Formen. Solche seltsame Launen der Kunst sind aus einer geheimnisvollen Zielstrebigkeit der Entwicklung zu begreifen. Wie in jedem formgeschichtlichen Ablauf hat die gebundene, ruhende und naturferne Form des Beginns die Entelechie (das ihr innewohnende Ziel) des Bewegten, Gelösten und Naturnahen. Das Knorpelwerk ist, seinen Meistern unbewußt, nach einem geheimen Plan des Walters der Geschichte das Mittel und die mittlere Phase zur Verwandlung des Beschlagwerks in das Akanthuslaub des Hochbarocks. Deshalb führt die Entwicklung den seltsamen, zwischen Anorganischem und Organischem vermittelnden Zwitterstoff des Knorpels ein, in dem die ursprünglich starre Form mit Beulen und Schwüngen zur bewegten streben kann. Um 1630 treten zuerst an den Volutenendigungen dieser

Schwünge kleine Blättchen auf, den ersten Palmetten auf dem Würfelkapitell vergleichbar, bis das Laub auf die Kernformen übergreift und endlich um 1670 das ganze Ornament in den großen, mächtig rauschenden Akanthoswedel verwandelt, die dem Pathos des Hochbarocks Gleichnisse schaffen (47). Sie entsprechen in der Entwicklungsstufe den Palmettenfächern, in die sich das Würfelkapitell schließlich aufgelöst hatte (I, Abb. 61 Mitt.), nur haben sie, dem Willen des Barocks entsprechend, mehr Fülle und pomphafte Bewegtheit der Massen. Wieder hat ein Weg sein Ziel erreicht, wieder muß die Entwicklung auf neue, unverbrauchte Formkörper übergehen. Das Band tritt wieder auf, wie immer, wenn eine gelöste, naturhafte Form durch eine gebundene, abstrakte ersetzt werden muß (um 1260 nach dem Naumburger Realismus, um 1600 im Beschlagwerk), und bildet jetzt das Bandelwerk, auch aus schrägen Bändern Gitter (48). Dazu tritt die Muschel, die ursprünglich eine plastisch gewordene Palmette ist. Das sind die Zierformen, mit denen die Régence, so genannt nach der Regentschaft für den unmündigen Ludwig XV. von Frankreich, den Hochbarock ablöste. Die Franzosen bezeichnen die Stilphasen dieser Zeit nach ihren Königen, der reife Barock heißt also Louis quatorze (1643—1715). Auf die Régence (1715—1723) folgt das Rokoko als Louis quinze (1715—1774), das sich im Louis seize (1774—1792) als Zopfstil mit Motiven des im Empire, im Kaiserreich Napoleons zur Herrschaft kommenden Klassizismus durchsetzt.

Das Rokoko ist ein Zierstil, dessen Namen man nicht auf seinen Träger, die Baukunst des Spätbarocks übertragen sollte. Sein Name kommt von seinem Hauptmotiv, der Rocaille.[1]) Es löst die Muschel der Régence ins Asymmetrische, die Bänder in zarte, wieder naturnahe Zweige, überhaupt alles Strenge und Gesetzmäßige in das Spiel launiger Willkür (49). Während jede Barockform gegen einen Widerstand anzukämpfen scheint, ver-

[1]) Verkleinerungsform von roc = Fels. Ursprüngliche Bedeutung: Muschelwerk in Grotten, davon abgeleitet Rokoko.

spritzt und verschäumt die des Rokokos widerstandslos in heiterer Grazie.

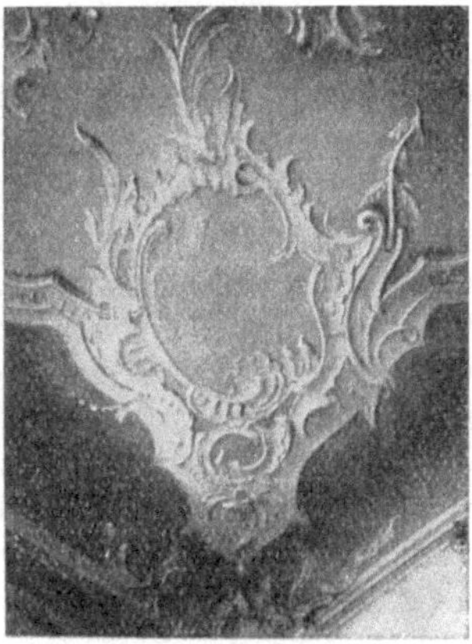

49. Rokoko-Stuckornament aus der Kirche Neu-Birnau.

Frankreich war das Gebiet des Ursprungs, aber nicht der Blüte und Reife des Rokokos. Dieses wie Champagner moussierende Ornament konnte nur aus dem graziösen esprit der Franzosen entstehen, aber wenn es einen ganzen Raum ergreifen, seine Wände in einen Taumel spritzigen Schaumes auflösen will, widersetzt sich ihm die raison, der französische Rationalismus, dem Klarheit über

50. Deckenecke in Schloß Bruhl a. Rh. 1740—48. Balth. Neumann.

alles geht. Deshalb bleibt die Rocaille auf Unterbrechungen der im Ganzen immer geschlossenen Wandfelder (panneau oder Paneel) beschränkt. Erst Deutschland entwickelt sie zu ihren äußersten Möglichkeiten, läßt auch das struktive Gerüst, die Rahmen der Wandfelder und Türen wie die Gesimse beschwingt sich wellen. In den Fest- und Wohnräumen der Schlösser sprühen die Rocaillen und Ranken über die Wände und tändeln wie im Winde flatternd bis in die Decke hinauf (50). Wenn dann noch, wie in den jetzt beliebten Spiegelkabinetten, der Rest der festen Wand mit Glas bedeckt wird, in dem das Spiel der Gegenwand sich wiederholt, so ist ein Letztes in der Auflösung der Wand, in phantastischer Verunklärung des architektonisch Gegebenen durch das Ornament erreicht.

Die Baukunst des Barocks.

Barock kommt von der portugiesischen Bezeichnung baroco für schiefe und seltsam geformte Perlen, bedeutet also das Absonderliche und Übertriebene und ist ursprünglich ein Schmähname wie der Begriff „Gotik".

Der Barock hat die Verehrung der Renaissance für die Antike geerbt. Aber der Zwang zum lebendigen Wandel ist stärker als die Macht des Vorbildes. Man nimmt sich immer größere Freiheiten von den Regeln der Theoretiker und muß von den Klassizisten den Vorwurf der Willkür hören. Dadurch kam der Barock in Verruf, bis er vor etwa fünfzig Jahren eine Ehrenrettung erfuhr, als die zeitgenössischen Baumeister einen Neubarock suchten und zugleich die Historiker diesen Stil als eine Großtat schöpferischer Phantasie erkannten.

Der Wandel von der Renaissance zum Barock sei zunächst in einem einfachen Motiv, dem Giebel verfolgt, wie er als Abschluß von Portalen, Fenstern und Fassadenteilen vorkommt (51). Das Mittelalter kannte ihn nur als Abschluß der mit einem Satteldach gedeckten Gebäude oder als steil steigenden Wim-

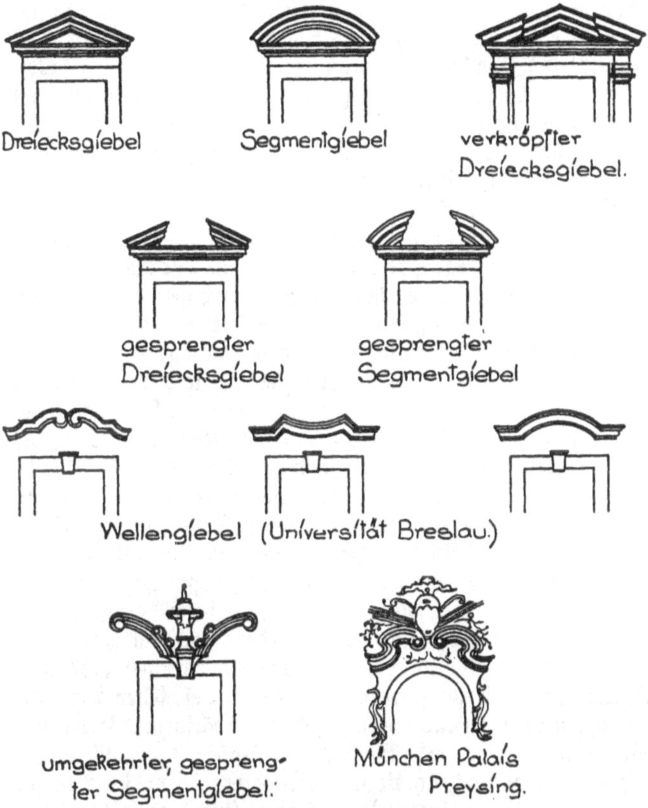

51. Entwicklung des Giebels vom 16. bis ins 18. Jh.

perg (I, S. 107). Die Römer und die Renaissance haben ihn vom Tempel, wo er in seiner wagerechten Fußlinie die Grundform der Klassik, die Linie des Horizontes, der Erde gibt und sie mit den stets flachen Schrägen variiert, als Zierglied an Fassaden übernommen. Das 16. Jh. setzt solche Giebel über alle Fenster (Pal. Farnese Rom, Ottheinrichsbau des Heidelberger Schlosses, Abb. 28, 30). Sie sind eine Summe selbständiger, in sich geschlossener Teile. Es sind Dreiecksgiebel oder mit etwa dem Drittel eines Kreises geschlossene Segmentgiebel, wie sie die französische Renaissance über Risaliten (vor die Hauptfläche vorgezogenen Fassadenteilen) bevorzugt (Louvre in Paris). Seit etwa 1600 werden Dreiecks- und Segmentgiebel verkröpft, d. h. die Seitenteile, die über den vor der Wandfläche stehenden Pilastern oder Halbsäulen liegen, werden vorgezogen. Der nächste Schritt der Entwicklung tilgt den hinter den vorspringenden Ecken verbindenden Teil, so daß der gesprengte Giebel entsteht, der die ursprünglich geschlossene zu einer in den Raum geöffneten Form umbildet. Weiterhin wird in der ersten Hälfte des 18. Jh.s der gesprengte Giebel gewellt, zuerst mit einer einfachen, zur Wand parallel laufenden Kurve, dann mit einer komplizierteren, die sowohl auf- und ab-, wie vor- und zurückschwingt. Eine Reihe solcher Giebel, die sich über eine Fassade hinwellen, wird nun nicht mehr als eine Summe selbständiger Teile, sondern als ein Fließen, ein einheitliches Ganzes gesehen. Renaissance und Barock haben also denselben Formkörper, dessen Spätform sich in folgerichtiger Entwicklung aus der Frühform herausgebildet hat. Der Barock ist eine Evolution aus der Renaissance, während diese von der Gotik durch eine Revolution, durch einen plötzlichen Bruch und die Setzung neuer Formkörper geschieden war. Die Frühform: Renaissance, verhält sich zur Spätform: Barock, wie Ruhe zur Bewegtheit, Vielheit zur Einheit, geschlossene zur offenen Form, flächenhafte zur tiefenhaften Form, Klarheit zur Unklarheit. Die vier letzten Begriffspaare sind Heinrich Wölfflins „Kunstgeschichtlichen Grundbegriffen" entnommen, einem pädagogisch meisterhaften Buch, das wie kein anderes Formen zu sehen lehrt. Diese Begriffe sind hier aus dem Gegensatz von Renaissance und Barock entwickelt, gelten aber für alle Evolutionen, so für die von der Romanik zur Gotik führende wie auch

16. Jh. 17. Jh. 1. Hälfte 18. Jh.

52. Entwicklung des Fensters.

schon für die der bronzezeitlichen Zierkunst, aus der wir sie zuerst andeuteten. Den entsprechenden Vorgang in der Fensterformung zeigt Bild 52. Anfangs eine völlig klare Ruheform, im „Ohrenfenster" eine Komplizierung der Umrisse, im Spätbarock ein fließender, schwingender, vielfach gebrochener Umriß, der die Teile zur Einheit verschmilzt.

Nach der Klärung des Grundvorgangs sei die geschichtliche Entwicklung skizziert. In Rom hatten Lorenzo Bernini und Francesco Borromini seit etwa 1630 den kraftvoll bewegten Hochbarock durchgesetzt. In Deutschland lähmte nach der verheißungsvollen Klärung und Festigung der Renaissanceformen durch Elias Holl und andere um 1600 der dreißigjährige Krieg alles Kunstschaffen. Nach dem Friedensschluß fehlte es an geschulten einheimischen Kräften. Von 1650—1680 fielen fast alle Bauaufgaben Ausländern: Italienern, Niederländern und Franzosen zu. In der nächsten Generation zwischen 1680 und 1710 traten bedeutende Deutsche neben jenen auf, nach 1710 aber beherrschten die Einheimischen fast allein die zu wunderbarer Fruchtbarkeit aufblühende deutsche Baukunst, die jetzt erst, zur Zeit des Spätbarocks, den Hochbarock, besonders in der stark bewegten Form Borrominis aufnahm und über dieses Vorbild weit hinaus steigerte. Wieder ist es, wie in der Spätromanik und Spätgotik eine Spätphase, in der Deutschland das Höchste leistet und selbständig an die Spitze Europas tritt. Getragen wurde dieses Schaffen von einer beispiellosen Bauleidenschaft, die fast alle Residenzschlösser und zahllose Kirchen für Klöster und Städte neu errichtete und selbst den Baueifer zu Beginn des 11. Jh.s, dem die große Zahl frühromanischer Kirchen zu danken war, weit hinter sich ließ. In der Frühzeit des 18. Jh.s war neben der Musik die Architektur, nach Friedrich Schlegels Wort, die „gefrorene Musik", der vorderste geistige Ausdruck der Deutschen, der erst zu Ende dieses Jahrhunderts von der Literatur abgelöst wurde.

Im Hochbarock hatten weder in den Bildkünsten ebenbürtige oder auch nur zweitrangige deutsche Namen neben den Rubens und Rembrandt gestanden, noch war die Baukunst lebendig gewesen. Selbst die eingewanderten Fremden wurden unmodern. Das wird am deutlichsten an den Fassaden, mit denen Deutschland, der alten nordischen Liebe zum Turm folgend, dem Gesù-Typus die mittelalterliche Zweiturmfront einschmolz. Die Stiftskirche zu Kempten etwa, von Michael Beer 1651 begonnen, von dem Italiener Giovanni Serro 1666 vollendet, hält sich, während in Italien der Barock auf dem Gipfel steht, in Formen, die noch zurückhaltender sind als selbst Holls Bauten um 1600. Die Teile werden durch Gesimse und Balustraden (von Baluster = Geländerstütze) streng voneinander geschieden. Sie sind in sich ruhende Kuben. Die Wand wird durch Pilaster, mit denen die Grenzen der Felder betont werden, zweischichtig. Nur im Zimmerwerk der bauchigen Helme ist etwas bewegende Schwellung. Der Stilstufe nach entspricht diese Fassade Albertis Palazzo Ruccelai oder einem hochromanischen Dom.

Auf der nächsten Stufe steht der 1704—1712 von Johann Dientzenhofer erbaute Dom zu Fulda (54). Das Portal wie das Mittelresalit schließen mit verkröpften Giebeln über Halb-

53. Stiftskirche Haug in Würzburg, 1670—91 von A. Petrini.

54. Dom zu Fulda, 1704—12 von Joh. Dientzenhofer.

säulen. Die Seitenteile sind im Untergeschoß dreischichtig eingetreppt, in den oberen ist die Vertikale durch Verdoppelung der Pilaster betont. Aber die Voluten am Obergeschoß des Mittelrisalits und an den Türmen haben noch nicht die Kraft, Bewegungsströme durch den Bau zu leiten, die Teile bleiben isoliert.

Die nach 1710 einsetzende Spätstufe wird von der reichsten aller Fassaden, der zu Grüssau in Schlesien gekrönt (55). Sie schwingt und wallt durch ein Vor- und Zurück in der senkrechten Ebene, durch ein Auf und Ab in der Wagerechten, sie ladet zur Schrägansicht, die jetzt mit ihren verunklärenden Überschneidungen und Verkürzungen die richtige, die Hauptansicht ist, während die klassischen Werke nicht viele wechselreiche Blicke, sondern nur einem richtigen, den geraden, in der senkrechten Achse liegenden

Standpunkt vom Beschauer verlangen[1]). Die abgeschrägten Kanten verschmelzen die Seiten. Die Kapitellbänder und Gesimse, die sich einheitlich über Seiten und Mitte hinwellen, leiten gewaltige Kräfte wagerecht um den Bau, wie die zu den mächtigen Voluten der Turmhelme führenden gedoppelten Kantenpilaster sie senkrecht steigen lassen. Hier kann nicht mehr ein Schnitt durch die Teile gemacht werden, einer vom anderen abgehoben oder zur Seite gerückt werden. Die Gelenke des Baues sind verschliffen, die Teile zur Einheit, zum Ganzen verschmolzen, wie es schon einmal durch die Gotik geschehen war. Endlich ist auch diese Fassade nicht mehr, was die vorigen waren: reine Architektur. Der Stein ist nicht nur in abstrakte Bewegung, sondern auch in organisches Leben übersetzt: in den Blättern der Kapitellbänder, in den Statuen am Portal, den Putten auf dem Gurtgesims, den Nischengruppen, der Passion mit Gottvater, die den Giebel über der Mitte ersetzt hat, in den Akanthuswedeln auf dem Rücken der Voluten.

Denselben Weg von rational klarer Ordnung zu irrationaler Verunklärung, von in sich ruhenden zu einander durchschwingenden Teilen durchmißt der Grundriß und die ihn spiegelnde Deckenbildung. In der fränkischen Klosterkirche Banz etwa durchschneiden und verschränken sich die elliptischen Gewölbefiguren. Zur reichsten Blüte gelangt der im Gesù gelegte Keim in der Wallfahrtskirche zu Vierzehnheiligen in Oberfranken, seit 1743 von dem Würzburger Balthasar Neumann erbaut (56). Der basilikale, schlicht zurückhaltende Außenbau verbirgt — Überraschung gehört zu den Kunstmitteln des Barock — einen verwirrenden, in seiner Konstruktion vom Auge kaum mehr zu enträtselnden Raum. In der Hauptachse reihen sich drei Flachkuppeln aneinander, so daß sich der Gegensatz zwischen Tonne und Kuppel verschleift. Mit ihren ovalen Fußlinien schneiden diese Gewölbe in die Seitenschiffe, wie wiederum deren Gewöl-

[1]) Die Bilder 53 und 54 sind also eigentlich falsch aufgenommen, sie müßten die reine Frontansicht geben, während Grüssau noch schräger gesehen werden sollte.

55. Zisterzienserkirche zu Grüssau i. Schles., 1728/35.

beansätze vom Auge ergänzt und ins Mittelschiff weitergedacht werden. Wie unter den einander durchflechtenden Netzgewölben der gotischen Spätstufe verschmelzen sich die Bauteile zur Einheit, nur daß jetzt zentrale, zumal Kuppelräume die entscheidende Rolle spielen. Reine Zentralbauten mit dem Kreis, dem Oval,

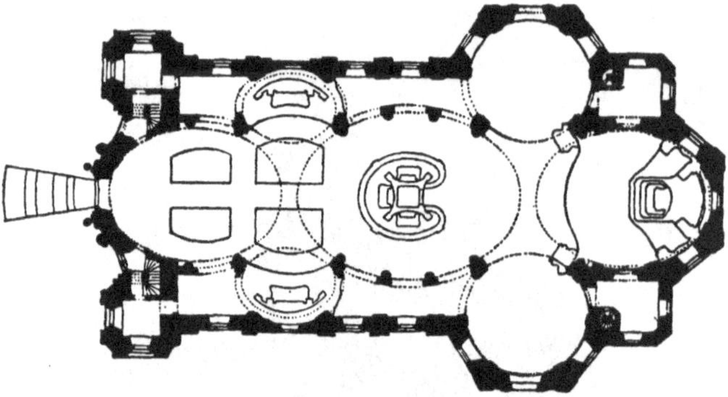

56. Wallfahrtskirche Vierzehnheiligen von Balth. Neumann. Seit 1743.

dem Dreipaß (Durchschneidung dreier Kreise), dem griechischen Kreuz als Grundriß werden zumal in Wallfahrtskirchen häufig, oder der überkuppelte Hauptraum rückt in die Mitte des Langhauses, so daß die alte Gleichgewichtigkeit der Enden wieder entsteht, die von den doppelchörigen Kirchen der deutschen Romanik bevorzugt worden war. Es kommt also jetzt zur höheren Einheit des reinen Zentralbaues der Hochrenaissance und des Wegbaues der Gegenreform. Diese Synthese folgt aus dem ganzen Wesen des Barocks. Während die Renaissance die immanenten Werte, Leib und Welt entdeckte, die Gegenreform die transzendenten, eigentlich geistlichen Gehalte betonte, stellt der Barock alles der Welt Immanente und Sinnliche in den Dienst der Überwelt, des Transzendenten und Übersinnlichen. Die Gegenreform hatte das Christentum erneuert, der Barock läßt es triumphieren. Er hat einen besonderen Sakralstil geprägt, der allen Prunk und Pomp der Hochrenaissance ins Phantastische erhöht, die Formen ins Majestätische und Gigantische steigert (57). Der Gläubige wird nicht gedemütigt wie im romanischen Bau, nicht entrückt, wie im gotischen, seine Sinne werden umschmeichelt und umjubelt von verschwenderischem Aufwand an Schwellen und Schäumen, von

57. Joh. Michael Fischer, Klosterkirche zu Ottobeuren, 1766 geweiht.

riesigen Säulen, mächtigem Gebälk, von gleißender Pracht in Marmor und Gold, von Blumenguirlanden und Puttengetummel. Das Auge wird verwirrt und berauscht, bis dieses rauschhafte Schwelgen im Sinnlichen in einem Taumel umschlägt zur Ahnung des Übersinnlichen.

In schroffstem Gegensatz zu diesem katholischen steht der protestantische Kirchenbau, der den Kultus ohne jeden Anruf des Augensinnes nur auf das Wort und die Musik stellt. „Unsere Frömmigkeit war nicht in dem Bau enthalten, sie hatte sich nur darin aufgehalten" (O. Bartning). So bauten die Protestanten vielfach Gotteshäuser, die ausschließlich Versammlungsräume ohne alle sakralen Elemente sind, am folgerichtigsten die Herrenhuter Brüdergemeine ihren „Gemeinesaal" oder Heinrich Schickhardt, der 1601—1608 zu Freudenstadt (58) an einer Marktecke zwei rechtwinklige Säle aneinander stoßen ließ, je einen für Männer und Frauen, die nicht einander, sondern nur den im Winkel am Altar, auf der Kanzel oder am Taufstein stehenden Geistlichen sehen können. Ähnlich nüchtern, rational, nur im Äußeren repräsentabler, sind die 1718 veröffentlichten Entwürfe Christian Sturms für protestantische Kirchen. Diese puritanische Haltung wird freilich vielfach durch die Berührung mit dem Katholizismus gemildert, die sich durch die Übernahme von dessen ehemaligen Kirchen oder durch den Wettstreit mit ihm ergab, der etwa in Dresden neben dem Schloß der katholischen Fürsten die herrliche, zentrale Frauenkirche entstehen ließ.

Das Fürstenschloß war an Stelle der Burgen getreten, als diese nach der Entwicklung der Artillerie ihren militärischen Wert verloren, und als der Repräsentationswille des Fürsten sich steigerte, der im Barock an Stelle des zum Untertanen gewordenen Bürgers, des Schöpfers der Renaissancekultur, zum führenden Kulturträger geworden war.

Das Schloß ist, soweit es nicht die vierflüglige und viertürmige Wasserburg fortsetzt, aus dem Palazzo der Italiener entwickelt. Im 16. Jh. hatte es wie dieser einflüglig meist in

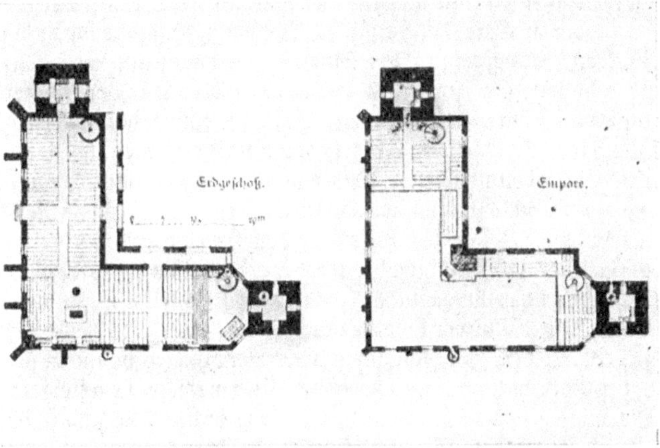

58. Heinrich Schickhardt, Marktkirche zu Freudenstadt, 1601—08.

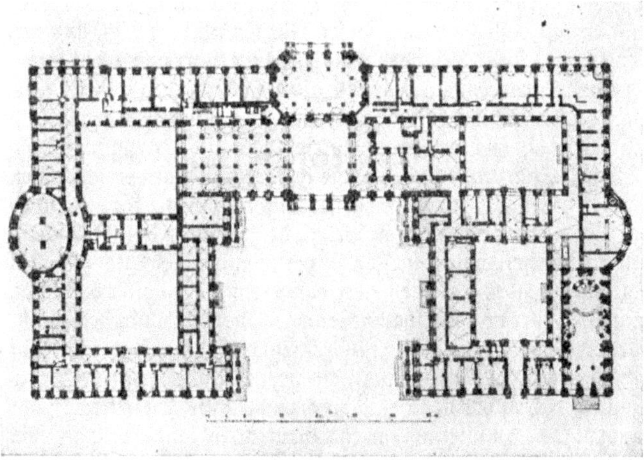

59. Grundriß des Würzburger Schlosses von Balth. Neumann, 1720—1744.

einer Straßenfront gestanden. Der Barock verlegt es oft vor die Stadt oder in Vororte (Versailles, Potsdam, Nymphenburg bei München, Ludwigsburg bei Stuttgart, Schönbrunn bei Wien) und gibt ihm die Form des triclinium (Dreilager der Römer zum Speisen im offenen Viereck), dreier die cour d'honneur, den Ehrenhof einschließender Flügel, deren mittlerer meist durch ein Mittelrisalit betont ist (59). Das Vorbild aller barocken Hofhaltungen und Schloßbauten war das Schloß zu Versailles, die Residenz Ludwigs XIV., des roi soleil, von Leveau und Hardouin-Mansart mit 415 m Länge bis 1682 errichtet. Wie die katholische Kirche eine überschwengliche Apotheose Gottes selbst ist, so dient der ungeheure Aufwand der Barockschlösser einer Apotheose des Fürsten, der den Individualismus der Renaissance zu einem sich bis zur Gottähnlichkeit überhebenden Übermenschentum steigert. „Die Könige sind nicht allein von Gott verordnet, sie sind selbst Götter", verkündete 1682 der französische Klerus, und es ist wohl die erstaunlichste Paradoxie der Weltgeschichte, daß auch Bischöfe und Äbte großer Klöster, die zu Hirten einer Kirche der Demut und Armut bestellt waren, diesen Fürstenkult forderten und mit dem Pomp ihrer Schlösser viele weltliche Herrscher übertrafen. Der geistlichen Dynastie der Grafen Schönborn allein sind die glanzvollen Residenzen zu Würzburg, Pommersfelden, Bruchsal, Werneck, Heusenstamm, Wiesentheit und die zerstörten zu Worms, Mainz und Koblenz, die letztere mit dem bezeichnenden Namen „Schönbornslust", zu verdanken. Am deutlichsten wird der Sinn dieser Schlösser in Brühl, der Residenz des Erzbischofs und Kurfürsten von Köln. Ein zu zeremoniösem Empfang Raum verschwendendes Treppenhaus, das Kernstück fast aller deutschen Schlösser, hier von Balthasar Neumann, dem Erbauer des Würzburger Schlosses geschaffen (60), zeigt auf dem Absatz, auf dem sich der mittlere Treppenlauf in zwei seitliche Arme teilt, die Büste und Trophäe des Erzbischofs, von der Genien seinen Ruhm künden. Der Huldigung für ihn dient diese ganze Anlage, wie sich im Deckenbilde des Hauptsaales alle Erdteile und der ganze

60. Treppenhaus des Schlosses zu Brühl von Balth. Neumann, 1743/48.

Olymp zu seiner Ehre versammeln. Triumphstimmung herrscht im Schloß wie in der Kirche des Barocks. In beiden genießt sich ein gewaltig gesteigertes Lebens- und Machtgefühl.

Der Barock verdeutlicht wieder, was schon die Vorzeit, die Romanik und die Gotik zeigten, daß Deutschlands Stärke weniger das Moderne, die leichte Erfindung einer Form ist, als ihre Ausschöpfung und Vertiefung bis zu den letzten in ihr angelegten Möglichkeiten. Das Schloß zu Versailles ist architektonisch primitiv, verglichen etwa mit dem Bau, in dem der Barock-Absolutismus dem Gedanken und der Form nach das Äußerste erreicht, dem Zwinger zu Dresden, den Daniel Pöppelmann von 1711 bis 1722 für August den Starken baute. Als steinerne Festdekoration mit Pavillons und Galerien für die Zuschauer „aller Arten öffentlicher Ritterspiele, Gepränge und anderer Lustbarkeiten des Hofes" (Pöppelmann) sollte er nur der Vorhof für einen prunkenden Neubau des Schlosses sein und ist nur mit drei Seiten vollendet. In die vierte baute Semper seit 1846 die Gemäldegalerie. Der groß gedachten Verschwendung in der Planung entspricht der Überschuß und Überschwang der architektonischen Kräfte. Sie dehnen sich in dem Pavillon des Bildes 61 über die Treppe, die das ganze Untergeschoß aushöhlt, steigen durch die Pilaster, sprudeln über dem Gurtgesims in Vasen und über dem wallenden Kranzgesims in Figuren aus, treiben Hermen (Oberkörper von Tragfiguren), Masken, Engel, Wappen und Akanthuswedel aus dem Stein und steigern ihn zu einem Gipfel abstrakten und organischen Lebens, das in dem Mittelgiebel strömt und rauscht wie eine Bachsche Fuge.

Weil aber der Stein der Phantasie immer noch Grenzen setzt, dichtet die deutsche Baukunst ihre kühnsten, in keinem Baustoff zu verwirklichenden Träume auf dem Papier. Paul Decker entwarf in seinem „Fürstlichen Baumeister" (1711) die Schlösser, die der Absolutismus bei unbeschränkten Mitteln gebaut hätte, und Jeremias Wachsmuth zeichnete in seinem „Karneval" (62) den Idealraum des deutschen Spätbarocks: Grenzenlos, unübersehbar, nicht ein Raum, sondern eine Durchdringung unzähliger, die aus dem Irgendwo auftauchen und sich ins Irgendwo verlieren, deren statische Voraussetzungen sich verbergen, ein völlig irrationales Gebilde voller Geheimnisse und Überraschungen, jedem Franzosen ein Greuel, dem Deutschen ein höchster Wunschtraum.

61. M. Daniel Pöppelmann, Wallpavillon des Zwingers in Dresden. 1716.

62. J. Wachsmuth, Karneval, um 1740.

63. Albrecht Altdorfer, Geburt Mariä. Um 1520.

Vergleicht man diesem Stich Albrecht Altdorfers, des Regensburger Malers und Baumeisters um 1520 gemalte Geburt Mariä (63), so wird die Entsprechung der Stilstufe deutlich. Hier hat die von der Romanik zur Gotik, bei Wachsmuth die von der Renaissance zum Barock führende Bahn eine klare Ruheform in komplizierte Bewegtheit gewandelt, das Letzte an verunklärender Verschmelzung der Räume erreicht. Beide Male ist der Raum mit seinen Geheimnissen der Rahmen für eine Verzauberung, bei Altdorfer eine Erscheinung fernen biblischen Geschehens in einem gegenwärtigen Kirchenraum, bei Wachsmuth die Verkleidung einer höfischen Gesellschaft zum Karneval, der alles Wirkliche vergessen, jeden seinen Lebenswunsch spielen läßt. Dort ist das Wundersame sakral, hier profan, aber in der Verzauberung liegt das Gemeinsame wie zwischen mittelalterlicher und barocker Religiosität so zwischen der Kirchen- und der Schloßbaukunst des Barock. Wie die Kirche mit ihrem an alle Sinne appellierenden heiligen Theater den Gläubigen dem diesseitigen Alltag entrückt, so heben die riesigen Schlösser, die selbst Duodezfürsten sich errichteten, die Bewohner über ihre Mittel und ihre Macht hinaus. Selbsterhöhung und Selbsttäuschung sind die Grundzüge des deutschen Spätbarocks.

Zum Schloß gehört der Garten, vom regelmäßigen der Renaissance zum architektonischen entwickelt, in dem jedem Gewächs durch Säge und Schere eine strenge Form gegeben wird, als sei auch die Natur dem Willen des Herrschers untertan, der sich durch Alleen und Kanäle wie durch Machtstrahlen das Land ringsum unterwirft und es auf sich bezieht.

Vom Fürsten übernehmen der Adel und selbst das Bürgertum die repräsentative Lebenshaltung wie die den Einzelnen steigernde Mode der Allongeperücke und Krinoline und bauen sich Palais mit Kolossalsäulen und -Pilastern, mit schwellenden Voluten, schwingenden Giebeln und verschwenderischer Zier.

Die Nationalcharaktere sind jetzt ausgeprägter als je zuvor. In Italien herrscht ein der südländischen, bis zur Prahlerei pathetischen Rhetorik gemäßer, fast schwülstig üppiger Stil, der vom Katholizismus an Süddeutschland und Österreich vermittelt und hier von der deutschen Neigung zum Irrationalen und Bewegten der Spätstile bis in seine äußersten Möglichkeiten entwickelt wird. Frankreich war seit der Renaissance den Italienern gefolgt, aber als Bernini 1665 nach Paris berufen wurde und hier sein Projekt für den Louvre vorlegte, siegte Perraults Entwurf und mit ihm eine typisch französische Richtung. Sie gehört zu jenem Klassizismus, der fast allen Bauten Frankreichs seit seiner Einigung zum Nationalstaat im 13. Jh. jene rationale Klarheit aufgeprägt hat, die am folgerichtigsten aus der Dichtung des grand siècle, des 17. Jh.s und den Regeln des Boileau spricht. Schon im Mittelalter war es kein Zufall, daß alle Fassadentürme der französischen Kathedralen ohne die ursprünglich geplanten, dem gotischen Vertikalismus gemäßen Helme blieben und in dem Kampf zwischen Vertikale und Horizontale die letztere siegen ließen. Fassade wie die der Notre Dame in Paris (Bd. I, S. 115) wirkt inmitten der Gotik in ihrer durchsichtigen, stillen Klarheit als Klassizismus, und dieser der lateinischen ratio, der raison im französischen Volkscharakter entsprechende Nationalstil hat sich im Barock noch stärker durchgesetzt, so daß es einen Hoch- und Spätbarock, ein irrationales Wogen und Wallen von Massen in Frankreich nicht gibt und seine Bauten durch alle Epochen der Neuzeit ein verwandtes Gesicht haben. Die Franzosen schaffen anders oder legitimieren ihr Schaffen wenigstens anders als ihre Nachbarn. Die Italiener seit Michelangelo und zumal die barocken Deutschen setzten der Zahl des Renaissancekanons das Gefühl und die Leidenschaft entgegen. Die Franzosen bleiben bei einer strengen Proportionslehre, addieren ihre Bauten aus harmonisch abgestuften „Grundmodulen", damit der Bau als rational durchrechenbar erscheine. „Beauté fondée sur la raison" fordert Perrault.

Der französischen ist die holländische Baukunst verwandt, die ebenfalls mehr klassizistisch als barock ist, hier freilich weniger dank dem Ideal harmonischer Rationalität, als infolge der bürgerlich kaufmännischen Nüchternheit des Volkes, die durch den Protestantismus noch gesteigert wurde.

Frankreich und Holland zusammen bestimmten den protestantischen Norden Deutschlands, der eine von Süddeutschland, der italienischen Einflußzone, scharf gesonderte Stilprovinz bildet. Wie schon in der Gotik der reiche, verspielte Schmuck der süd- und westdeutschen Bauten sich von der kargen, nur die Funktion betonenden Großformigkeit Norddeutschlands unter-

64. J. Boumann, Rathaus zu Potsdam. 1753.

schied, so steht jetzt dessen klare, straffe Disziplin als „preußischer Stil" neben der rauschhaften, irrationalen Formenfülle Süddeutschlands (64). Nur vereinzelt, etwa mit Sanssouci, greift heitere Grazie auch auf Preußen über.

Die Bildkünste des Barocks.

Da die deutsche Kunst während des Hochbarocks fast völlig aussetzt, muß dieser Stil an Beispielen der Nachbarn gezeigt werden. Tizians Kirschenmadonna (65), etwa 1505 gemalt und ein typisches Werk der Hochrenaissance, beruht auf deren meistverbreitetem Kompositionsschema, der figura piramidale,

65. Tizian, Kirschenmadonna. Um 1505.

66. P. P. Rubens, Heilige Familie, um 1633.

der aus dem gleichseitigen Dreieck entwickelten Pyramide, deren Seiten Jesus und Johannes sind und die im Haupt Mariä gipfelt. In einer zweiten Schicht, die wie die erste der Bildfläche parallel läuft, sind Josef und, um der Symmetrie willen, ein zweiter Heiliger zugefügt. Eine stille Harmonie ist gewonnen.

Rubens hat viel nach Tizian kopiert und dennoch seine hl. Familie (zwischen 1632 und 1634) in Gestalt und Gehalt ganz abweichend gegeben (66). Die Spitze des Dreiecks ist nach rechts verschoben, seine linke Seite durch die Bewegung Johannis aktiviert, als Diagonale zu dem entgegenkommenden Blick Mariä und der linken Hand Josefs zur herrschenden Linie im Bild geworden, wie überhaupt der Barock solche Schrägen fast stets zu bewegungshaltigen und den Blick führenden Bahnen steigert. Die Fläche ist durch die bei Tizian vermiedene, verunklärende Überschneidung Mariä durch das Christkind wie durch das Hintereinander der Köpfe von Johannes, der Mutter Anna und Josef zur Tiefe geweitet. Nicht mehr die geklärte Ruhe, sondern die kraftvolle Wölbung der Leiber und Gewänder, das Gegeneinander der Bewegungen, insgesamt eine Handlung statt eines Zustandes wird genossen. Zugleich hat die Linie ihre klärende und umgrenzende Kraft verloren. Die in breiten Flächen verfließende Farbe ist zur Hauptträgerin der Bildwirkung geworden.

In anderen Werken sucht der Barock wie die leibliche auch die seelische Bewegtheit, den heftigen Affekt. In den verzerrten Gesichtern der von Löwen angefallenen Jäger des Rubens liegt dessen Grund in einem sichtbaren Geschehen. Ebenso heiß kann die Leidenschaft sein, wenn sie aus unsichtbarer Quelle, aus visionärer Schau des Jenseitigen kommt (67). Die Mystik blüht wieder, aber ihre höchste Stufe ist nicht „sunder Bilde", rein spirituell, wie im 14. Jh. Das Himmlische löscht das Irdische nicht mehr aus, nachdem die Renaissance es gewonnen hatte. Es konnte nicht mehr geleugnet, es konnte nur, gleich der in den Barockkirchen bewahrten prunkenden Festlichkeit der Renaissancebauten, in den Dienst des Jenseitigen gestellt werden, indem es bis zur Ekstase

67. Joh. Georg Bschorer, Maria Immaculata, 1730.

68. Egid Quirin Asam, Engel vom Hochaltar in Osterhofen, 1733.

aufgepeitscht, bis an jene Schwelle gesteigert wurde, an der das Sinnliche außer sich gerät und ans Übersinnliche reicht. Es zeugt von der Weisheit des Katholizismus, daß er sich nicht gegen die Zeit stemmte, sondern den Lebenshunger und Willen zur Selbststeigerung nicht nur duldete, sondern förderte, indem er diese Kräfte auf seine Ziele lenkte und sie einer blendenden Propaganda dienstbar machte. Mit ihr überwand er noch einmal den Rationalismus der Aufklärung, gewann zum letztenmal die Macht über die Geister und schuf den letzten Sakralstil des Abendlandes, die gewaltige Synthese, in der sich die Bejahung alles Diesseitigen und Sinnlichen durch die Renaissance mit dem Jenseitswillen der in der Gegenreform erneuerten Gotik verschmolz. Aus dieser Haltung, die wie alles Barocke voller Paradoxien ist, kann es verstanden werden, wenn etwa in der hl. Theresa des Bernini verzückte Schau des Himmlischen und leibliche Wollust verschmelzen, wenn Geist und Leib sich zugleich dem Heiligen vermählen, oder wenn Heilige oder Engel (68) einen saftig prangenden, sehr lebensdurstig anmutenden Leib zeigen und ihre Augen doch mit dem im Barock so häufigen „himmelnden", uns in seiner Pathetik so schwer verständlichen Blick die Mächte des Jenseits suchen.

Wieder geht der protestantische Norden andere Wege als der Katholizismus, wenn neben der Musik, der eigentlichen Kunst des Protestantismus, der Name des über allen konfessionellen Bindungen stehenden Rembrandt (1607—1669) hier genannt werden darf. Er begann mit lauter Pathetik, um später seine Menschen immer mehr in sich hinein zu wenden und über ihr Fühlen nicht mehr mit der Geste, sondern mit einem fast übersinnlichen, aus geheimnisvollen Quellen strahlenden Licht auszusagen, das als Gleichnis des Unsinnlich-Seelischen, obschon jenseits aller Dogmen, die wunderbarste Frucht christlicher Geistigkeit ist.

Wie dieses stille Licht Rembrandts und die pathetische Bewegtheit des katholischen Barocks alle Gestalten ineinander und mit dem Raum verschmelzen, so verschmelzen im Spätbarock die Künste zum Gesamtkunstwerk. Nicht mehr werden in eine Architektur, die auch für sich wirken könnte, Statuen eingestellt, Bilder gehängt. Keine Kunstgattung wirkt mehr als einzelnes Instrument, sie vereinigen sich zu einem berauschenden orchestralen Zusammenklang. Das Hauptfeld der Malerei sind die Gewölbe, deren schließende, endende Festigkeit in die Illusion perspektivisch vorgetäuschter, steigender Scheinräume und des Himmels verwandelt ist, der in Kirchen von heiligen Gestalten, in den Schlössern von den Göttern des Olymp und den dem Fürsten huldigenden allgeorischen Gestalten der Weltteile bevölkert ist. Der alles versinnlichende Barock macht auch das Jenseitige sinnfällig, lokalisiert es in dem Himmel, in den sich die Gewölbe aufzutun scheinen. Die Paradoxie des Christus, dem Apoll den Kranz aufsetzt (Deckenbild des Klosters Benediktbeuren)

69. Knoller und Schöpf, Deckenfresko in Neresheim, 1771—75.

symbolisiert die unmöglich scheinende Verschmelzung sinnlichen Heidentums mit der Religion des Übersinnlichen. Wie die Baukunst des Barocks, ist die Deckenmalerei (69) von Italienern, zumal Andrea Pozzo und Giov. Batt. Tiepolo angeregt, die beide auch auf deutschem Boden gearbeitet haben und eine Schar einheimischer Nachfolger gehabt haben (Rottmayr, Gran, Troger, Maulpertsch in Österreich, Knoller, Familien Schor und Waldmann in Tirol, Brüder Asam und Matthäus Günther in Bayern, Johann und Januarius Zick in Franken und am Mittelrhein).

Die Plastik, nach langer Unfruchtbarkeit um 1700 wieder zu blühendem Schaffen erwachend, teilt durch die Altäre im Chor oder inmitten der Wallfahrtskirchen dem ganzen Raum ihre jubelnd verzückte Bewegtheit mit, „bringt die Spannung der Architektur zur Entladung". Die Himmelfahrt der von Engeln emporgetragenen Maria auf dem Hochaltar in Rohr (Bayern) von Egid Quirin Asam (70) verblüfft durch die Aufhebung aller Gesetze der Plastik in der exaltierten Verzweiflung der Apostel, dem verzückten Aufschweben der Jungfrau. Donner, Stammel, Feuchtmayer, die Brüder Asam, Günther, Permoser (der Bildhauer des Dresdner Zwingers) und Schlüter, durch die Masken am Berliner Zeughaus und das Reiterstandbild des Großen Kurfürsten berühmt, sind die wichtigsten Bildhauer des deutschen Spätbarocks.

Das Hauptmittel zur Verbindung der Architektur mit den Bildkünsten ist die Stuckbildnerei. Schon die spätromanischen Apostel an den Chorschranken von Halberstadt und Hildesheim waren aus diesem Gips, Kalk und Sand mischenden, bildsamen Stoff. In der Renaissance war er zur Bildung von Deckenornamenten verwandt worden. Der Spätbarock verwendet ihn für die Illusion wehender Vorhänge, für Ornamente, die über die architektonischen Grenzen hinzüngeln, als Ersatz für geäderten, bunten Marmor, weniger der Verbilligung als der Möglichkeit wegen, diesen künstlichen Stoff in die zarte Farbharmonie der Bauten völlig einzustimmen. Die Stukkatorenschule zu Wessobrunn in Bayern, die bis nach Petersburg und Athen wirkte, durchsetzte die Stuckzier immer mehr auch mit Figuren.

Als neuer Stoff tritt das Porzellan in die Plastik ein, in China altbekannt, in Deutschland 1705 durch Böttger für August den Starken erfunden, der von einer Porzellan-Manie besessen war. In Stil und Haltung kann die Porzellanplastik der antiken, im 4. und 3. Jh. vor Christus entwickelten Ton- (Terracotta-) Plastik von Tanagra verglichen werden. Beide sind in ihrer Zierlichkeit und Liebenswürdigkeit ein Rokoko der Plastik.

Wie in der Baukunst des Barocks prägten sich in seinen Bildkünsten die nationalen Charaktere scharf aus. Sie beruhen auf der Verschiedenheit des Volksgeistes wie den Gegensätzen des gesellschaftlichen Aufbaues. Wo die Feudalmächte herrschen, Hof und Kirche, wie in Italien, Deutschland und besonders in Frankreich, da herrscht ein der pergamenischen Kunst der Antike vergleichbarer idealistischer Hochbarock, weil alle Aristokratien, die Kirche wie der Adel, dem Menschen mit der

70. Egid Quirin Asam, Mariä Himmelfahrt in Rohr.

71. Jan van Goyen, Mühle am Fluß, um 1640.

Kunst Vorbilder geben, ihn auf ein Ideal hin erhöhen wollen. Deshalb ist besonders der französische Barock, der ganz im Dienste des Sonnenkönigs steht, voll höfischer Würde und Feierlichkeit bis in die Bilder des Nicolas Poussin (1593—1665). In äußerstem Gegensatz zu diesem „grand gout", der „maniera grande" der Italiener steht ein kleiner Teil der italienischen Malerei unter Führung des Caravaggio und insgesamt die Malerei Hollands. Während die benachbarten Vlamen, zumal Rubens, vom Hofe der spanischen Habsburger mitbestimmt sind, herrscht im bürgerlichen Holland ein folgerichtiger Realismus. Das Bürgertum des späteren 14. und 15. Jh.s hatte ihn begonnen, die holländische Demokratie, in der alle Menschen gleichen Rechtes sind, gibt auch in der Kunst den geringen Dingen das gleiche Recht wie den hohen. Die Stoffe entsprechen hier denen der hellenistischen Antike (I, S. 42), über deren Vorläufer Curtius die Überschriften setzt: „Auflösung der Aristokratie" und „die neue

72. Jan Steen, Das Bohnenfest. 1668.

bürgerliche Gesellschaft". Dennoch unterscheiden sich die realistischen Epochen, die den antiken und den neuzeitlichen Barock begleiten. Diesen trägt ein viel folgerichtigerer Wille, die ganze sichtbare Welt zu gewinnen, und ein Teil von ihm ist der Wille zur Eroberung des unendlichen Raumes, den die Antike, leiblich-plastisch denkend, als das μή ὄν, das Nicht-Seiende bezeichnet hatte. Holland aber, das flache Land der unendlichen Horizonte über Weide und See wird vom Pathos dieser Unendlichkeit ergriffen und erfüllt, was in der florentinischen Perspektive des 15. Jh.s angelegt war, die Gewinnung der Weite, des Makrokosmos. Die holländischen Landschafter führen in die Ferne mit einer sich in die Bildtiefe verlierenden Diagonalen (71) oder mit einer Flucht sich rasch folgender Horizontalen. Neben diesen Landschaften (Jacob van Ruysdael, Hobbema, van Goyen, Adriaen van de Velde, Cuyp) wird die ganze bunte Stoffülle geschildert, die der Alltag bietet: Sittenbilder mit Bürgern und

Bauern (72), die sich natürlich, ohne jede „Haltung" geben (Jan Steen, Terboch, Ostade), Porträts von Einzelnen oder Gruppenbilder von Schützengilden oder Regenten der sozialen Anstalten (Frans Hals), Interieurs, d. h. Innenräume (Jan Vermeer van Delft, Pieter de Hooch), Stilleben (Claesz, Kalf), Tierstücke (Potter), Veduten, d. h. Architekturporträts (Berckheyde, de Witte). Unvergleichlich ist die Tonharmonie dieser Bilder. Da in Italien die Venezianer die begabtesten Koloristen waren, darf vielleicht gesagt werden, daß die Nähe der See, die der Atmosphäre einen die Linien verhüllenden, die Farben verschmelzenden Dunst mitteilt, dem Entstehen malerischer Qualitäten besonders günstig ist, während das Binnenland (Florenz, Rom) zu plastischen, tastbaren Formen neigt. Freilich muß die malerische Anschauung von der besonderen, zur Auflösung der Linie in einen Farbklang tendierenden stilgeschichtlichen Lage begünstigt sein.

Die Blüte der holländischen Malerei wurde getragen von dem Aufstiege des nationalen Selbstbewußtseins und des Wohlstandes, den die Befreiungskämpfe gegen die Spanier und die Gründung des Kolonialreiches brachten. Nach 1650 erkaltete die Kunst Hollands, befruchtete aber noch Jahrhunderte lang die Malerei der Nachbarn. Zumal die deutschen Maler im 18. Jh., in der Wende von der feudalen zur bürgerlichen Zeit und die Realisten und Impressionisten im 19. sind ihre Schüler gewesen.

DIE KUNST DER JÜNGSTEN ZEIT

Die große Welt des Barocks ist ebenso zu Ende gegangen, wie die der Gotik: Sie hat sich selbst erschöpft. Die Gotik ist nicht von der Renaissance, der Barock nicht vom Klassizismus gestürzt worden, sondern beide Erneuerungen füllten eine Leere. Das gilt selbst für die Politik. Der Absolutismus hatte sich schon lange aufgegeben, bevor die Häupter des Königspaares auf der Guillotine fielen. Marie Antoniette hatte nicht mehr das Schloß von Versailles geliebt, das große Symbol des feudalen Königtums, sondern war in den benachbarten „hameaux“, strohgedeckten Hütten, dem Ruf des Begründers der ethischen Revolution, des Jean Jacques Rousseau zum retour à la nature gefolgt, hatte Samt und Seide mit dem unschuldigen Weiß von Mousselinkleidchen getauscht und Bäuerin gespielt. Und Ludwig XVI. war so weit am Königtum irre geworden, daß er die révolution Davidienne, die Vorbotin und Wegbereiterin der politischen Revolution durch den Maler und späteren Jakobiner Jacques Louis David (S. 106) förderte, indem er diesen Mann als Stipendiaten nach Rom schickte und seine zum Umsturz aufrufenden Bilder im offiziellen Salon ausstellen ließ. Endlich zeigt die Form selbst das Ermatten des Barocks an. Wie die Gotik am Ende ihrer Bahn im „Gardinenbogen“ die Kraft zu steigen verloren hatte (20), so werden die Barockmassen in ihrem Schwellen und Wallen müde. Die Bilder etwa des Fr. Boucher (1703—1770) zeigen als symbolische Formen Gräser, Moose und Algen, die kraftlos hängen und sich treiben lassen.

Wie nach der Erschöpfung der Gotik die Leere zunächst durch eine Restauration, durch eine Rückkehr zum Anfang der durchmessenen Bahn, zur Romanik, gefüllt wurde, so wendet sich auch der späteste Barock zu seinem Beginn zurück. Die Malergeneration um Anton Raphael Mengs (1728—1779) versuchte die Hochrenaissance wieder zu beleben. Die Vornamen, die Vater Mengs, sächsischer Hofmaler, seinem Sohn gegeben hatte, sollten ihn mahnen, die Schönheit Raffaels mit der Anmut des Antonio Correggio und zudem noch mit dem Kolorit Tizians zu verbinden. Aus diesem vom Vater gestellten und vom Sohne befolgten Programm sprach die eklektische (herauslesende, hier und dort Vorbilder suchende) Haltung des Frühklassizismus. So flau Mengs uns Heutigen erscheint, er hat doch einmal die deutsche Malerei zur Führung in Europa gebracht, war Direktor der Maler-Akademie in Rom und der Gobelin-Manufaktur in Madrid.

Baukunst und Zier dieser Generation zeigen den Louis XVI.- oder Zopfstil (nach der Haartracht der Vorrevolutionszeit), der dünne Stoffgehänge und Laubgewinde als Nachklänge alter Formenfülle bewahrt, sie aber dem neuen Gebot der Symmetrie unterwirft. Das Gesetz soll im Ästhetischen wie im Politischen an Stelle launischer Willkür treten.

In der Gartenkunst zwang als erster deutscher der Park zu Wörlitz bei Dessau (1758) die Natur nicht mehr unter die Architektur, unter den Willen des Herrschers, sondern schmiegte Wege und Wasserläufe der natürlichen Form des Geländes an und ließ jeder Pflanze ihr freies Wachstum. Diese Gartenform, die alle pflanzlichen Individuen sich ihren Anlagen gemäß entfalten läßt und ihnen kein Gesetz überordnet, ist das sinnfälligste Gleichnis des Liberalismus und nicht zufällig in dessen englischem Mutterlande entstanden. Der „Englische" heißt auch heute noch im Gegensatz zum französischen Gartenstil der 1803 von v. Skell angelegte Park in München.

Die zweite Generation der Klassizisten brachte nach dem restaurativen Kompromiß die radikale Revolution. Sie wuchs in den Gedanken des Johann Joachim Winckelmann (1717 bis 1768) auf, der den Blick von Rom, wo bisher die Antike studiert worden war, auf deren Ursprung in Griechenland lenkte und die Archäologie zur lebenbestimmenden Macht, zur Religion seiner Zeit erhob. Von seinen „Gedanken über die Nachahmung der griechischen Werke in Malerei und Bildhauerkunst" (1755) ging die Geistigkeit und Kunst aus, der die klassische Antike als ewig gültiges Vorbild und die Notwendigkeit ihrer Nachahmung als Dogma galt. Die Verwandtschaft zum antiken Wahlahnen, die in der deutschen staufischen Klassik wie in der italienischen Hochrenaissance aus eigenständigem Wachstum gekommen war, wird jetzt durch unschöpferische Unterordnung erreicht. Während die Dichtung der Goethezeit

73. Jacques Louis David, Schwur der Horatier. 1783.

eine echte Klassik aus der Bändigung des Sturms und Drangs gewonnen hatte, fehlt den Bildkünsten solche Verdichtung aus der Fülle. Bei ihnen ist das Apollinische nicht eine Klärung des Dionysischen (vgl. Nietzsche, Geburt der Trägödie). Deshalb erreichen sie keine Klassik, sondern nur einen Klassizismus, d. h. eine abgeleitete, aus zweiter Hand stammende Klassik, deshalb wirkt alle Bildkunst dieser Zeit so dünnblütig. Die Führung ist von den Künsten des Auges an die des Ohres, an Dichtung und Musik übergegangen. Dem Maler Dürer und den Bildschnitzern seiner Zeit war kein zeitgenössischer Dichter gleichgekommen. Jetzt aber gibt es in den Bildkünsten keinen Goethe und Beethoven.

Während der deutsche Klassizismus aus dem Dichten und Denken kam, unter Führung eines Gelehrten, des J. J. Winckelmann stand, steigerten in Frankreich Kunst und Politik einander in wechselseitiger Befruchtung. Der Maler Jacques Louis

David (1748—1825) war Künder und Wecker der Revolution. Als er 1784, fünf Jahre vor dem Sturm auf die Bastille, seinen „Schwur der Horatier“ (73) in Rom ausstellte, mußten Carabinieri den Andrang regeln. Diese ungeheure Wirkung des Bildes, das heute an einem schlechten Platz im Louvre kaum mehr zu fesseln vermag, ist daraus zu verstehen, daß sich in ihm eine totale Revolution verdichtete. Sie ist eine formale, ethische, politische und gesellschaftliche zugleich. Ein Vergleich etwa mit des Antoine Watteau (1684—1721) „Einschiffung nach Kytherä“, der Insel der Venus, zeigt die Rückkehr aus einem sich auflösenden Spätstil in einen wieder Grund legenden Frühstil. Die Aussage des Bildes geschieht nicht mehr durch das Verflimmern hauchzarter Farben, sondern durch einen streng schließenden Kontur (Umrißlinie). Statt des Ganzen einer weichen Tonharmonie eine Summe scharf umgrenzter Lokalfarben, die mehr an sich und an ihrem Orte, als im Zusammenklang wirken. Im Hintergrund statt des Verdämmerns in eine unendliche Ferne eine fest schließende, parallel zur Bildfläche laufende Mauer. Zum Formalen kommt das Ethische. Dort eine Gesellschaft, deren einziger Lebenssinn der Genuß amourösen Getändels, deren einziges Gesetz die Galanterie war, hier ein Heros, der seine Söhne pathetisch zum Schwerttod fürs Vaterland ruft. Der Stoff stammt aus der großen Zeit der römischen Republik, dem politischen Vorbild der französischen Revolution. Das Ganze nicht mehr ein Wunschbild der feudalen Gesellschaft, sondern eine Fanfare für den tiers état, den dritten Stand, das Bürgertum.

J. L. David hatte eine weite Wirkung. Unter seinen 428 Schülern waren die wichtigsten Deutschen die Schwaben Schick und Wächter. Wo die Befruchtung durch die Wirklichkeit fehlte, die politische wie die zumal in den Bildnissen Davids nachgestaltete ästhetische, da verstieg sich die deutsche Kunst in ein utopisches Reich „reiner“ Formen. Asmus Jakob Carstens etwa (1754—1798) suchte die Welt Homers ohne Farbe und Modellierung allein mit Umrißlinien im Stile frühgriechischer Vasen zu erneuern. Aber jede Barockfigur hat mehr antike Sinnlichkeit in sich, als diese aus einer echt deutschen Überspannung des groß Gewollten abstrakt und blutarm gewordenen Zeichnungen. Die Farbe wurde zusammen mit dem Barock, dessen wichtigstes Wirkungsmittel sie gewesen war, seit Winckelmann verfemt. Vor Bildern der Dresdner Galerie sagte Schiller zu Tieck: „Alles recht schön, wenn sie nur nicht übermalt wären. Der bloße Umriß würde mir ein weit treueres Bild geben." Für Jahrzehnte, bis zu Cornelius und Rethel pflegte die deutsche „Malerei" vorwiegend die Kartonzeichnung. Als das Ungenügen an diesen lebensfremden und trockenen „reinen" Darstellungen der Idee überhand nahm, entstand bei den Deutschen die Vorstellung von der künstlerischen Überlegenheit der Franzosen, deren Kolorit im Klassizismus wohl kühler gehalten, aber nie aufgegeben worden war.

Wie in den Bildkünsten, wurde in der Baukunst eine Restauration von einer Revolution abgelöst. Die frühen Klassizisten in Italien, England und besonders in Frankreich hatten die Hochrenaissance fortzusetzen oder wieder zu beleben versucht. Schon gegen 1760 aber setzte die „Revolutionsarchitektur" ein, die alle Vorbilder verschmähte, allenfalls auf Ägyptisches zurückgriff, „Urformen" von kargem Ernst an Stelle des verspielten, aufgelösten Spätbarocks setzte und die ungelockerte, ungegliederte Wand wieder entdeckte, um wieder eine „reine", strenge Bauform zu gewinnen (74). Die bedeutendsten Köpfe dieser Richtung sind der Berliner Friedrich Gilly (1771—1800) und der Franzose Ledoux. Hier wird deutlich, daß primär beim Klassizismus weniger das antike Vorbild ist, als die Notwendigkeit, der Entwicklung nach der Erschöpfung des Barocks eine neue Grund- und Ausgangsform zu geben. Nur weil die klassische Antike einer solchen Form nahe steht, wird diese Erneuerung der Baukunst, wie nach dem Ende der Gotik in der Renaissance, zu einem Klassizismus, in dem die ewige Vorbild-

74. Friedrich Gilly, Entwurf zu einem Denkmal Friedrichs d. Gr. auf dem Leipziger Platz in Berlin, 1797.

haftigkeit der Griechen also nur als sekundärer Faktor wirkt. Erst als die Urform sich wieder zu beleben und zu bereichern suchte, kam es zur Nachahmung der Antike, zumal ihrer Tempel, die für Schlösser, Museen und Theater, später gar für Börsen nachgeschaffen wurden. Auf dieser Stufe standen in Preußen Gillys Schüler Carl Friedrich Schinkel (1781—1841, Schauspielhaus, Wache (heute Ehrenmal) und Altes Museum in Berlin), Leo von Klenze (Glyptothek, Königsbau der Residenz, Propyläen, Alte Pinakothek und viele Gebäude der Ludwigsstraße in München, Walhalla bei Regensburg), in Karlsruhe Friedrich Weinbrenner, in Darmstadt Georg Moller. Der bedeutendste dieser Baumeister, Schinkel, bleibt jedoch nicht in der Nachahmung stehen, er wirkt strenger und herber als selbst die antike Dorik, weshalb Moeller van den Bruck in seinen Bauten einen betont „preußischen Stil" sieht. Mitunter kommt er von jeglicher Anlehnung frei, seiner Forderung gemäß: „Überall ist man nur da wahrhaft lebendig, wo man Neues schafft". Eine Reise ins englische Industriegebiet ließ ihn die gewaltigen Aufgaben ahnen, die der Baukunst die Technisierung, die tiefstgreifende je geschehene Verwandlung im Antlitz der Städte, stellen sollte. Seine Berliner Bauakademie von 1831 meidet jene Anlehnung an einen toten Stil (75). Zugleich proklamiert Gottfried Semper: „Nur einen Herrn kennt die Kunst,

75. Friedrich Schinkel, Bauakademie, Berlin, 1831.

das Bedürfnis". Eine sachliche, aus dem Zweck des Gebäudes zum Wohllaut seiner Form aufsteigende, echte und eigenständige Bauweise will sich anbahnen. Aber die schöpferischen Kräfte sind zu gering, der neuen Zeit ein neues, eigenes Gesicht zu geben. Wohl finden sich vereinzelt etwa in Bahnhöfen, wie im Anhalter in Berlin, zweckmäßige und zugleich gute Formen, aber die durch den Aufstieg der Technik gebundene Phantasie hat nicht die Kraft, über ihr einen geistigen Gehalt, eine herrschende Bildungsidee zu finden und zu einem Stil zu verdichten. Der Zweckbau wird dem Techniker überlassen, der nur aus dem Zweck schafft und die öde Häßlichkeit der meisten industriellen Arbeitsstätten verschuldet hat. In der „hohen Baukunst" taucht die verhängnisvolle Frage auf: „In welchem Style sollen wir bauen?" (Heinrich Hübsch 1828). Die Bildungsidee wird durch den Humanismus der Antike entlehnt und die Baukunst des 19. Jh.s wird zu einem Museum „historischer"

76. Henry van de Velde, Einladungskarte, Holzschnitt, 1899 (aus: „Schmalenbach, Der Jugendstil", 1935).

Formen, zu einer unschöpferischen Totenbeschwörung. Dabei ist dieser „Historismus" freilich durchaus folgerichtig. Im Anfang des Jh.s sucht er die klaren, einfachen Formen der griechischen Klassik, in den sechziger und siebziger Jahren die reicheren, prunkvolleren der Hochrenaissance, mit denen er selbst das Elend der Mietskasernen verblendet, um in den achtziger und neunziger Jahren bei der Nachahmung des Barocks und Rokokos anzulangen. So repetiert das 19. Jh. noch einmal das Pensum der Vergangenheit von frühen zu späten Formen. Als der Vorrat der Geschichte erschöpft war und zugleich die Einsicht in die Unwürdigkeit dieses Lebens von den Zinsen der Vergangenheit dämmerte, suchte um 1900 der Jugendstil unter Führung des Belgiers van de Velde einen originalen Stil des Bauens und Wohnens zu finden. Unter Förderung durch den Großherzog von Hessen entstand z. B. auf der Mathildenhöhe bei Darmstadt eine Künstlerkolonie in Formen, die vorwiegend aus der geschwungenen, pflanzliches Leben symbolisierenden Linie entwickelt sind (76). Der Versuch mußte scheitern, weil er allein aus dem ästhetischen Bereich, aus freiem Willen einen Stil zeugen wollte, der doch, soll er Geltung und Dauer gewinnen, nur die Verdichtung des Lebens und der Geistigkeit der gesamten Gegenwart sein kann. Die Suche nach einem Eigenstil ging also weiter.

77. Heinrich Tessenow, Festspielhaus in Hellerau bei Dresden, 1910.

1907 wurde der deutsche Werkbund gegründet, eine Vereinigung von Künstlern, besonders Architekten und Produktionsfirmen, die den Riß zwischen Kunst und Technik, handwerklicher und industrieller Form durch Veredelung der Gebrauchsgegenstände zu schließen suchte.

Um 1910 prägten Heinrich Tessenow und Peter Behrens einen Neuklassizismus, der saubere Lösungen brachte (Festspielhaus in Hellerau (77), deutsche Botschaft in Petersburg), sich aber doch nicht durchsetzen konnte, weil seine Voraussetzung, das humanistische Bildungsideal nicht mehr so zeugend und werbend war wie in der Goethezeit. Nach dem Kriege wurde das Suchen krampfig, brachte gewaltsam dynamische Formen und, im Zusammenhang mit religiösen Sehnsüchten, eine Wiederaufnahme gotischer Streben, mit denen selbst Bürohochhäuser verbrämt wurden, so daß der Zwiespalt zwischen dem Sinn der Formen und dem des Baues unerträglich wurde. In der Reihe dieser jäh wechselnden „Zehnjahresstille" (Jugendstil 1895 bis 1905, Neuklassizismus bis 1915, expressiver Stil bis 1925) folgte die „Neue Sachlichkeit".

Ihr Bahnbrecher war das „Bauhaus", dessen Leitung 1919 von van de Velde auf Walter Gropius (geb. 1883) übergegangen war und das 1926 von Weimar nach Dessau übersiedelte. Es nahm die Bestrebungen des Werkbundes konsequenter mit dem Ziel auf, Haus und Einrichtung zugleich zweckmäßig und ästhetisch einwandfrei zu gestalten und für eine industrielle Herstellung zu normen. Viele seiner Produkte, wie schlichte weiße Lampenkugeln, sind uns schon selbstverständlich geworden. So wurde zum erstenmal seit dem Aufkommen der Industrie der Bruch zwischen dem Ingenieur und dem Künstler überwunden, ein verbindlicher Lebensstil gesucht. Völlig vermochte er sich nicht durchzusetzen, weil er zu radikal allein das rational Zweckmäßige, das Ingenieurhafte betonte und etwa mit seinen Stahlmöbeln die Wärme der Atmosphäre verbannte, die den meisten in der Wohnung ein Bedürfnis ist.

Mehr als im Wohnstil setzte sich die Sachlichkeit in der Baukunst durch. Vorbereitet durch den Wiener Adolf Loos (1870 bis 1933), der zuerst ein Haus aus nackten Kuben gebaut hatte, und den Amerikaner Frank Lloyd Wright (geb. 1869), schuf sie unter Führung von Gropius und Ernst May (geb. 1887) den ersten Stil, der dem Zeitalter der Technik und der Maschine gemäß ist und mit dem zum erstenmal ein von Deutschland ausgegangener Stil Weltgeltung errang. Er heißt in Italien stilo tedesco, hat sich bis nach Argentinien und Japan durchgesetzt und seine besten Bauten in Holland geschaffen. Seine Voraussetzung sind die neuen Baustoffe: *Eisen, Beton und Glas*. Eisen und Glas waren, von Gewächshäusern ausgegangen, zuerst im mittleren 19. Jahrhundert von den Kristallpalästen der Ausstellungen monumental vereinigt worden. Den ersten Eisenbetonbau hatte 1903 der Franzose Auguste Perret errichtet. Mit den neuen statischen Möglichkeiten, die der von einem Eisengerüst gestützte Beton bietet, wurde die seit den Urzeiten des Bauens gültige, in Pfeilern und Säulen versinnlichte Statik verdrängt. Kuben können nun fast frei vorragen, Kanten ungestützt bleiben. Das Oben, bisher logisch aus dem Unten entwickelt, wird fast austauschbar mit ihm. Der Bau „wird umkehrbar wie eine Kiste" (Hamann). Auf Fassadenbildung wird verzichtet. Ästhetisch herrscht die Horizontale, sowohl in einem

78. W. Gropius, Wohnhaus der Meistersiedlung in Dessau, 1926.

flachen Dach, das den Bau oft als nur zufällig und vorläufig zu Ende gebracht, beliebig fortsetzbar erscheinen läßt, wie in gesimsartigen Bändern, die wie Gleitbahnen des Tempos, des Idoles der Gegenwart, wirken. Oft wurde das Ziel der Zweckmäßigkeit vergessen in einem von der kubistischen Malerei angeregten, schachtelnden Spiel mit Kuben und einer Angleichung der Bauten an technische Gebilde wie Kommandobrücken. Diese spielerische und unsachliche Maschinenromantik pflegte besonders der aus der Lehre von Peter Behrens hervorgegangene Westschweizer Le Corbusier (geb. 1887), der die „Wohnmaschine" schaffen wollte.

Eine andere Modeform war das Hochhaus, das in New York aus den besonderen Bodenverhältnissen entstanden ist, in Städten mit genügend Raum aber oft nur Spielerei und Großmannssucht war. Hinter Wohnmaschine und Hochhaus steht als Ziel der Großstadtnomade, der nichts mehr ist und besitzt, als seine Funktion in Wirtschaft und Technik, in den niederen Zwecken des Lebens, und das Wort Rathenaus wahr macht: „Die Wirtschaft ist unser Schicksal". Deshalb „befreit die sachliche Baukunst von jedem Ausdruck des Menschlichen und Repräsentativen" (Hamann), läßt überall das nackte, kalte Weiß herrschen und erklärt das Ornament als „lügenhafte Verbrämung der Konstruktion".

Die Gegenwart ist die erste Zeit der Geschichte ohne Ornament. Als Ersatz werden im Innenbau nur die Adern von Stein, an Möbeln die Maserungen von Holz, von der Natur gebotene Formen verwandt. Ornament war immer ein Gleichnis für den Überschuß der geistigen Kräfte über die bloßen Zwecke. Uns ist die Gnade solchen Überschusses und geistigen Reichtums versagt. Diese Not deutet man in eine Tugend um.

Aus dem Charakter des sachlichen Stiles wird auch begreiflich, warum er in Deutschland entstand. Er ist ein Arbeitsstil, ein Gleichnis des Menschen, der nur in seiner dienenden Funktion, in der Arbeit den Sinn des Lebens sieht, ihr Gegengewicht aber, die schöne, sich mit Überzweckmäßigem und deshalb Sinnvollem erfüllende Muße nicht kennt. Die Deutschen haben mit ihrem Arbeitsfanatismus den anderen Völkern, indem sie diese zu schärferer Konkurrenz zwangen, diese Muße, das ausgedehnte Wochenende etwa, verdorben. Die anderen standen noch mit einem Fuße im Paradiese des vegetativ schönen, nutzlosen Daseins. Die Deutschen und nach ihnen die Nordamerikaner sind völlig aus ihm ausgetrieben und haben dem zum Gleichnis diesen Stil des Funktionalismus geschaffen. Er gibt den Stätten der Arbeit, den Fabriken und Bürohäusern die ihnen gemäße und notwendige Gestalt. Das ist seine große und unvergängliche Tat. Zum Unsegen aber wird er da, wo er auf die anderen Lebensbereiche übergreift, auch im außerberuflichen Leben den Bewohner der Wohnmaschine zum homme machine, zum Maschinenmenschen machen will und auch auf die Baugattungen sich ausdehnt, die ihrem Wesen nach Gehalte über den Zwecken,

79. Pädagogische Akademie in Bonn, 1931/32 nach Entwurf des Reg.-Baumeisters Witte erbaut. Jetzt Haus des Bundestages.

Ideen der Religion, des Staates, der Bildung versinnlichen sollen. Sogar der Sakralbau, der im Mittelalter das Zeugungsgebiet aller architektonischen Formen gewesen war, unterwarf sich jetzt der Sachlichkeit und übernahm sein Gepräge vom Produktionsbau, so daß der Volkswitz eine neue Kirche in Aachen „Seelensilo" oder „Gebetswerke m. b. H." nannte. Die Pädagogische Akademie in Bonn von 1931/32 ist durch nichts von einer Fabrik unterschieden, macht nirgends die Gehalte der Bildung sinnfällig, die sie vermitteln sollte.

Der Nationalsozialismus erkannte diesen Mangel. Statt aber den Versuch zu machen, die aus der Gegenwart nicht mehr wegzudenkende Sachlichkeit mit seinen ideellen Gehalten zu erfüllen, sie mit ihnen zu steigern, verdammte er sie als „kulturbolschewistisch". Als romantische Bewegung, die er im Kern war, griff er auf die Vergangenheit zurück, zumal auf den

Klassizismus der Schinkel-Zeit, und schuf in ihm einige schöne Bauten, ohne aber die Aufgabe zu lösen, den Gehalten der Gegenwart ein nur ihr eigenes Gesicht zu geben. Den gleichen Weg war Rußland gegangen, das Ernst May nach Moskau berufen hatte, das seit 1928 aber wieder zum Klassizismus zurückkehrte, der wie in der Baukunst des italienischen Faschismus ins Pompöse gesteigert wurde.

Unsere Aufgabe ist es, die neuen Baustoffe und technischen Voraussetzungen wohl zu bejahen, damit die Zukunft ihr eigenes Gesicht erhält, auch die kubisch klare Grundform weiterzutragen, sie aber nunmehr wahrhaft sachlich zu gestalten und die technischen Spielereien, die eine Maschinenromantik liebte, zu vermeiden. Der Wohnbau wird wohl vielfach zu dem praktischeren und der Überlieferung entsprechenden Steildach zurückkehren. Im Repräsentationsbau wird es die Schicksalsfrage sein, wie weit es gelingt, den sachlichen Bau auch zum Ausdruck höherer und ideeller Gehalte zu entwickeln. Wenn dieser Versuch scheitert, wird ein Historismus, ein Zurückgreifen auf alte Formen, kaum zu vermeiden sein. Zum mindesten werden bei der ungeheuren Aufgabe des deutschen Wiederaufbaues die Städte mit ausgeprägt historischem Charakter und altehrwürdige Bauwerke mit Rücksicht auf ihre Tradition zu behandeln sein, denn unsere Zeit ist geistig zu arm, als daß sie durchweg Eigenes an die Stelle der Überlieferung setzen könnte.

Die Bildhauerei des 19. Jh.s, zumal die der Preußen, der „Römer des Nordens", erfüllte den Klassizismus mit Realismus, zumal in den Porträts der Gottfried Schadow (1764 bis 1850) und Christian Rauch (1777—1857, Grabmal der Königin Luise, Denkmal Friedrichs des Großen Unter den Linden). Nach der Jahrhundertmitte spaltete sich die Plastik in eine von Adolf Hildebrandt (1847—1921) geführte klassizistisch-idealistische Richtung und in eine barock-realistische, die in Deutschland mit Reinhold Begas (1831—1911, Denkmal Kaiser Wilhelms I. vor dem Berliner Schloß) gipfelte, in Frank-

80. Auguste Rodin, Die Bürger von Calais, 1884—95.

81. Paul Egell, Modell zum Judas Thaddaeus. Um 1740.

reich mit Auguste Rodin (1840—1917). Bezeichnend ist es, daß dessen „Ehernes Zeitalter" 1877 einen Prozeß zur Folge hatte, weil man Rodin vorwarf, die Figur sei ein Abguß nach der Natur. Das Äußerste an Realismus erreichten 1884—1895 seine „Bürger von Calais" (80). Es sind sechs vornehme Bürger, welche die Gnade des englischen Belagerers der Stadt mit ihrem Opfer zu erkaufen bereit sind und in sein Lager gehen „damit er mit ihnen tue nach seinem Willen". Ihre Gestalten sollten auf dem Markt von Calais mit einem nur 24 cm hohen Sockel stehen, damit die Grenze zwischen Leben und Kunst in der Aufstellung ebenso fiele, wie sie stilistisch in den durch den Raum greifenden Gebärden und in der ärmlichen Gewandung gefallen ist. Denkt man von hier aus zurück an die Anfänge der Plastik, an die festen, vom Raum sich streng abschließenden Blöcke der Ägypter, so wird der Gesamtvorgang der Entwicklung als eine Auflösung des Geschlossenen, eine Verlebendigung des Abstrakten sinnfällig, nur daß dieser Vorgang sich nicht gradlinig abspielte, sondern an jeder Kulturwende von Bindungen unterbrochen war. Schon der Spätbarock hatte eine Rodin entsprechende Form erreicht (81).

82. Ernst Barlach, Das Gefallenenmal im Dom zu Magdeburg, 1929.

Nach dieser letzten Möglichkeit der Illusionierung des Lebendigen durch die Plastik mußte ihre Form wieder gebunden und geschlossen werden. Dieses Ziel erreichte in Frankreich Aristide Maillol (1861—1944), in Deutschland noch folgerichtiger Ernst Barlach (1870—1938), der im Gegensatz zu der antikischen Heiterkeit des Franzosen meist dunkle, massige Gestalten voll einsamer Schwermut bildete (Abb. 82). Andere Deutsche, zumal Georg Kolbe (1877—1947), Karl Albiker (geb. 1878), Edwin Scharff (geb. 1887) und Arno Breker (geb. 1900) fanden nach dieser Archaik bald wieder in die Nähe des Klassischen, ihres ewigen griechischen Vorbildes, das sie vor der in den anderen Künsten eingetretenen Intellektualisierung schützt. So hat die heutige Plastik weithin jene Erfülltheit und menschliche Vorbildhaftigkeit, die der Malerei fehlt.

Die Malerei war im 19. Jh. die zeugungskräftigste der Künste. In Spätzeiten pflegt die Führung stets auf sie überzugehen, weil sie einer gelösten Form am meisten abzugewinnen vermag. Zudem erfüllt das Tafelbild, das jetzt fast allein Bedeutung hat, am besten die privaten Wünsche der nunmehrigen Trägerin der Kunst, der bürgerlichen Gesellschaft. Endlich sind die dem Bürgertum von der Geschichte gestellten Aufgaben, die Gewinnung der sichtbaren Welt und die Darstellung des freien Einzelnen, der Malerei am gemäßesten.

Wie in der Dichtung, der führenden und jetzt eigentlich bildenden, das heißt menschenprägenden Kunst, trat nach 1800 gegen den Klassizismus die Romantik auf. Den Gegensatz der beiden Richtungen mögen Joseph Anton Koch (1768—1839), ein Tiroler Bauernsohn, der als einziger der deutschen Klassizisten eine kräftige Sinnlichkeit besaß und aus ihr seine Bilder mit Natur sättigte, mit seinem „Berner Oberland" (82) und Caspar David Friedrich (1774—1840) mit dem „Mönch am Meer" (83) veranschaulichen. Beide suchen als Idealisten den verdichteten, symbolischen Zustand. Koch gestaltet ihn als ewiges Sein, als glückhaften Augenblick unter mittäglicher Sonne vor hohem,

83. Jos. Ant. Koch, Berner Oberland, 1817.

schließenden Berghorizont. Friedrich sucht nicht Ewigkeit, sondern Unendlichkeit. Sein Thema ist nicht das sichtbare Sein, sondern ein unsichtbares Werden, die Sehnsucht des einsam vor grenzenlosem Horizont am Ufer stehenden Mönchs, der wie die meisten Figuren der Romantik ins Bild hineinsieht als „Schrittmacher für unser Gefühl". In ihn soll sich der Beschauer hineinversetzen, mit ihm sein Ich aufgeben, es der Unendlichkeit der Natur verschmelzen, sich von ihm ins All erlösen. Die Mystik des 14. Jh.s wacht wieder auf, Philipp Otto Runge, der andere große romantische Maler, entdeckt Jacob Böhme, den Mystiker des Barocks, nur ist das Ziel der verströmenden Sehnsucht nicht mehr der jenseitige Gott, sondern das diesseitige All der Natur.

Erst auf ihrer zweiten Stufe schrumpfte diese kosmische Romantik zur beschaulichen Enge des „Biedermeier", oder sie wird dogmatisch, rettet das ziellose Träumen und Suchen in die Lehren des Katholizismus. Eine große Stunde scheint für ihn

84. Casp. David Friedrich, Mönch am Meer, um 1809.

zu kommen. Unter den Dichtern und Malern mehren sich die Konvertiten, die tiefsten unter den Jungen (Pforr, Overbeck, Schnorr v. Carolsfeld, Cornelius) gründen die „Lukasbrüderschaft", die sich in einem Kloster bei Rom eine Wahlheimat sucht und unter dem Spottnamen, den ihnen der alte Koch gab, „die Nazarener" bekannt geworden ist. Sie wollen die fromme, schlichte Malerei erneuern, die vor der Virtuosität eines Raffael lebte, weshalb sie und englische Verwandte auch „Präraffaeliten" genannt werden. Das Ergebnis sind flaue, weichliche Gestalten, Epigonen des unsakralen Stils der Renaissance, die Christus und die Geisteshelden seiner Religion zu sentimentalen Schwächlingen machen. Die Nazarener tragen die Schuld an der Verwässerung des Bildes, das sich das Volk von den Heiligen macht. Noch eine Stufe tiefer und der heute übliche Kitsch der Devotionalien ist erreicht, aus dem auch die wiederum im Wollen große, im Erreichten schwächliche Reform durch das schwäbische Benediktinerkloster Beuron die Kirchenkunst nicht zu befreien vermochte. Wie die Dogmen der Kirche seit dem Tridentiner Konzil (S. 60) erstarrt sind, so ist ihre künstlerische Zeugungskraft seit dem Barock erloschen, ist sie in allen Bereichen nur der Selbstwiederholung fähig. Zeugendes Leben ist nur in der dieser Welt zugewandten Kunst und in ihr nach der Erschöpfung des klassizistisch-humanistischen Bildungsideals seit Goethes Tod (1832) wiederum reicher in der realistischen als in der idealistischen Richtung, die zweimal, um 1870 mit den „Deutschrömern" Feuerbach, Böcklin, v. Marées, Thoma (der nur anfänglich zu ihrem Kreise gehörte), dann um 1900 mit dem Schweizer Ferdinand Hodler gegen den Realismus vorstößt, ohne ihm die Führung nehmen zu können. Dieser entspricht den besten bürgerlichen Kräften, die ihre Phantasie mit und in den Dingen, nicht über ihnen schaffen lassen. Seine größten Meister sind Karl Blechen (1798—1840), Adolf Menzel (1815—1905) und Wilhelm Leibl (1846 bis 1901, Bild 84). Die allgemeine Meinung sagt, der Realismus habe in Frankreich reichere Leistungen gezeitigt als in Deutschland. Tatsächlich hat er dort ein breiteres Niveau und oft haben die Deutschen, zumal Menzel und Leibl, die unproblematische Leichtigkeit der Franzosen bewundert. Sie rührt daher, daß diese am augensinnlichen Reichtum der Welt, an der schönen Haut der Dinge Genüge fanden und aus ihr eine bezaubernde Malkultur gewannen. Aber bei uns hat Entsprechendes schon früher, schon mit Blechen, und nicht weniger schön begonnen. Wenn diese Linie immer unterbrochen wurde, sich problemreich verwirrte, so deshalb, weil die Deutschen vom Bilde stets mehr verlangt haben, als daß es ein Schaubild, ein Augenschmaus sei. C. D. Friedrich hat gesagt, der Maler solle nicht nur malen was er vor sich, sondern was er in sich sähe, und sähe er nichts in sich, so solle er das Malen unterlassen. Deshalb ist sein „Mönch am Meer" eher ein Denk- als ein Schaubild, und wenn Menzel von seinen „nur" malerisch schönen Alltagsschilderungen gering dachte und seine Malerei in den Dienst des preußischen Gedankens, zumal des Heldenkults an Friedrich d. Gr. stellte,

85. Wilh. Leibl, Drei Frauen in der Kirche, 1878—82.

wenn Böcklin mit dem Pinsel dichtete, Thoma Gedanken und Träume malte, wenn bei Klinger die literarische und nicht die augensinnliche Erfindung primär war, wenn diese alle ihre Bilder mit gedachten Inhalten überluden, die malerische Einheit damit vielleicht beeinträchtigten, so taten sie es nicht etwa, weil sie schlechter malen konnten als die Franzosen — sie haben ihnen Ebenbürtiges ganz nebenbei in Fülle geschaffen —, sondern weil ihnen das nur Sinnenschöne nicht genügte, weil sie Deutsche waren, Denker und Träumer, die mit den sichtbaren Realitäten allein nicht zufrieden sind. Hier wird der Gegensatz der Völker noch einmal ganz deutlich. Den Griechen war das

Höchste und Letzte die schöne Leiblichkeit, den Italienern die Harmonie der Form, den Franzosen des 19. Jh.s die Tonschönheit der Malerei. Von den Germanen aber hat Tacitus gesagt: Sie beten das Unsichtbare an. Deshalb haben die Deutschen des Mittelalters den spirituellen Gehalten des Christentums gemäßer geschaffen, in den Reichenauer Miniaturen wie in den Andachtsbildern der Mystik, als die anderen christlichen Völker; deshalb hat Dürer das Sichtbare immer wieder zum Übermittler des Unsichtbaren gemacht, wie in der Melancholie und dem Ritter mit Tod und Teufel, der ihm aus der Proportionsstudie eines Pferdes erwachsen ist; deshalb hat Alfred Rethel (1816—1859) das Erlebnis der Revolution von 1848 nicht wie Delacroix zu einer bravourösen Malerei, sondern zu jenen Holzschnitten verdichtet, die Sinnbilder des Schicksals schlechthin sind; deshalb haben Menzel, Böcklin, Thoma Bilder gemalt, die nicht erschöpft sind, wenn das Auge sie genossen hat, sondern Wegweisungen zu einem Hintergründigen sind, die sich erst im Nachdenken erfüllen.

Erst mit dem Impressionismus gaben viele deutsche Maler diese angestammten, hohen Ansprüche an das Bild auf. Der Begriff stammt von einem französischen Bild, das Claude Monet „soleil levant, impression" genannt hatte. Die Kritiker behaupteten, der Impressionismus sei die erste Kunst, die getreu den Eindruck (= impression) wiedergäbe, die nicht komponiere, sondern die Natur selbst komponieren lasse. Das ist eine Fiktion, denn die Impressionisten (führend Manet, Renoir und Degas) hätten nicht so schöne Bilder gemalt, wenn sie diese nicht ebenso wohl ausgewogen hätten wie die alten Meister. Der Unterschied von jenen liegt nur in der Aufhellung der Palette, die den Maler aus dem Atelier ins Freie führte, zur plein-air = Freilichtmalerei, wie in der Auflösung aller Formen. Von den Dingen wird nicht mehr das tastbare Sein, sondern nur mehr der optische Schein wiedergegeben, sie zergehen in die Atmosphäre, in flimmernde Mittagssonne oder in

86. Lovis Corinth, Walchensee, 1921.

Dunst und Nebel. Indem der Impressionismus diese Erscheinungen erfaßte und sie in „produktivem Sehen" ästhetisch zu genießen lehrte, zugleich auch flüchtige Bewegungen einzufangen verstand, vollendete er den großen Feldzug zur Gewinnung der sichtbaren Welt, diese Hauptaufgabe der neuzeitlichen Kunst.

In Deutschland war nur Max Liebermann reiner Impressionist. Max Slevogt gab sein Bestes in Illustrationen. Lovis Corinth (1850—1925) drang in seinen letzten Walchenseelandschaften (Abb. 86) bis zu Gleichnissen der elementaren Naturkräfte vor und forderte kurz vor seinem Tode: „Unwirklichkeit üben — das Höchste". Damit mündete er in den Expressionismus, der seinen Gipfel schon mit dem Holländer van Gogh (1853—1890), dem Norweger Edvard Munch (1863 bis 1944) und dem Schweizer Ferdinand Hodler (1853—1918) er-

87. Vincent van Gogh, Garten in Arles. Essen, Folkwang-Museum.

reichr hatte. Sie alle versuchten im Gegensatz zum Impressionismus, der nur die schöne Haut der Dinge sah, ihr Wesen, ihr Inneres auszudrücken. In einer vehementen, dynamischen Strichführung machte van Gogh das Wachstum, die Säfte der Natur anschaulich und ersehnte eine neue religiöse Malerei. In einer Zeit, von der Nietzsche gesagt hat: „Gott ist tot", blieb er ein Prophet ohne Gnade und endete im Wahnsinn. Munch gab in Linien, die von der Naturform freigekommen sind, Expressionen der Liebe oder der Angst und schnitzte seine Holzschnitte grob mit breiten Flächen. Hodler verlieh dem vom Impressionismus zersetzten Umriß wieder eine bindende Kraft, verdichtete Bewegungen auf ihren wesentlichen Ausdruck und schuf monumentale Bilder symbolischen Gehalts. Das Gemeinsame dieser drei Künstler aus germanischem Volkstum war die Hingabe an Unsichtbares, das alte Thema des Nordens, während die von romanischen Völkern getragene Kunst von der Renaissance bis zum Impressionismus meist dem Sichtbaren, der schönen Sinnlichkeit gehuldigt hatte.

Eine zweite, weniger fruchtbare Welle des Expressionismus ging in Deutschland um 1910 von der Münchner Künstlervereinigung „Der Blaue Reiter" und von der Dresdner „Brücke" aus. Zu jener gehörte Franz Marc (1880—1916), der in freien Rhythmen Tierseelen versinnlichte. In dieser griff Karl Schmidt-Rottluff (geb. 1884) zumal in Holzschnitten noch tiefer auf urtümliche Formen zurück. Emil Nolde (geb. 1867), der in Blumenbildern und Seestücken Farben von ungebrochener Leuchtkraft aufglühen ließ, suchte abermals vergeblich die religiöse Malerei zu erneuern. Dieses Versagen war schicksalhaft, weil im Expressionismus der von der französischen Revolution, letztlich schon von der Renaissance heraufgeführte Individualismus sein Äußerstes erreichte. Weder wuchsen die Einzelnen zu einem Stil zusammen, noch fand ihre nur den literarisch Vorbereiteten verständliche Atelierkunst den Weg zur Menge der Gebildeten, geschweige denn zum Volke. Die Lehre, daß es nur auf das Wollen ankäme, brachte einen fürchterlichen Verfall des Könnens. Sucht nach Originalität führte zumal die Scharen der Mitläufer zu Exzessen eines bodenlos gewordenen Intellektes.

Hatte der Expressionismus die Naturform um des Ausdrucks willen vergewaltigt, so wurde sie völlig geleugnet von dem Kubismus, der in Frankreich dem Impressionismus folgte. Cézanne hatte durch Aufgabe der Perspektive den großen Feldzug zur Gewinnung der Natur beendet und damit begonnen, aus dem Gesehenen geometrische Figuren zu abstrahieren. Der Spanier Picasso baute nur mehr mit „Kuben" und anderen naturfernen Formen. Der Russe Kandinsky, der mit Marc den „Blauen Reiter" gegründet hatte, löste die Farben von den Ge-

genständen und komponierte mit ihnen Gebilde, mit denen er Seelisches ebenso aussagen zu können glaubte, wie die Musik es mit Tönen tut. Diese Voraussetzung war ein Irrtum, denn die von der Musik geweckten Gefühle und Vorstellungen sind in viel höherem Grade eindeutig, allgemein verbindlich und verständlich, als die von Farben erzeugten. Die reizvollsten Gebilde dieser gegenstandslosen Malerei schuf Paul Klee (1897 bis 1940) mit verträumten Farbspielereien. Während sie noch Seele haben, unterwarfen sich die meisten Maler in der nächsten, bis in die Gegenwart schaffenden Generation der gegenstandslosen Malerei der Vormacht unserer Zeit, der Technik. Die Literaten, die ihre Wortführer sind, schreiben ihnen Spekulationen über Themen der modernen Physik und der Metaphysik zu. Meist sind diese Deutungen tiefsinniger als die Linien- und Farbgebilde dieses „Konstruktivismus", die oft nur Paraphrasen über mathematische Formen sind. „Technik wird Kunst und Kunst wird Technik" (Preetorius). „So wird der freie Künstler der Erzieher für die Benutzer der Apparate und für die Konstrukteure, der Wegbereiter einer Ingenieurkunst. Möglich, daß sich die freie Kunst damit selbst aufhebt" (Hamann). Jedenfalls hat sie hier ihr ewiges Thema, die Deutung des Menschen und der Natur, aufgegeben und sich dem unbeseelten Ding verschrieben. Bliebe diese Kunst die einzige, so würde sie das Ende der Kultur spiegeln, deren Ursprung und Ziel stets der Mensch ist, und das Bestehen allein einer Zivilisation, einer Welt der toten Dinge. Tatsächlich ist ja in den letzten hundert Jahren der Mensch ebenso rapide verarmt, wie die Dinge durch die Technik fortgeschritten sind, bis zu den für die Zerstörung der Welt geeigneten Mitteln.

Der letzte Grund für diese „Austreibung der Natur und des Menschen aus der Kunst" liegt darin, daß die Bildkünste die Aufgaben, die ihnen die Neuzeit setzte, erfüllt haben. Der Impressionismus hatte den letzten unentdeckten Rest des Sichtbaren erfaßt, und der Kubismus mit seinen Schwesterrichtungen hatte die Lösung des Künstlers aus allen Bindungen an Kultus, Gesellschaft und zuletzt auch aus der an die Natur vollendet. Im abstrakten „Ge-bilde", zu dem nun die Sinnbilder und die Abbilder entleert sind, ist die Forderung des 19. Jh.s nach „l'art pour l'art", nach der Kunst, die nur um ihrer selbst willen schaffen, keinerlei Dienst mehr leisten soll, ganz erfüllt. Die Kunst ist ganz frei geworden, aber diese Freiheit ist ihr Tod. Ein schicksalsnotwendiger und deshalb tragischer Vorgang ist am bittern Ende, unsägliches leibliches und seelisches Elend der Schaffenden die Folge.

Geistreicher als die gegenstandslose Kunst ist eine andere Richtung der letzten Generation, der Surrealismus. Er gibt vor, aus dem Traum, dem Unbewußten zu schöpfen, zerreißt mit launiger Willkür die Daseinszusammenhänge der Erfahrungswelt und hat seine Freude am Abstrusen und — im wörtlichen Sinne — Verrückten. Auch er spiegelt echt eine Seite der heutigen Welt, die Picard mit dem Begriff „Diskontinuität" gekennzeichnet hat. Er bedeutet die Zusammenhanglosigkeit und Fetzenhaftigkeit, mit der die Eindrücke des Lebens im Tempo auf den Menschen einstürmen. Dieser Stil vermag mit starkem Können das Dämonische, Diabolische und Albdruckhafte der Welt anzudeuten.

Als Protest gegen die expressionistische und die gegenstandslose Kunst trat um 1925 die „Neue Sachlichkeit" auf, die sich an verschiedene Epochen der Vergangenheit, an die Altdeutschen, die Romantiker oder den Leibl-Kreis anlehnte. Sie erneuerte ein solides Können, blieb aber teils in einer bloßen Imitation der Dinge stecken, teils trat sie, wie bei Otto Dix (geb. 1891) und George Groß (geb. 1893) in den Dienst politisch-sozialer Tendenzen und verfratzte das Bürgertum oder gab mit Bildern von Dirnen, Schiebern und Bettlern das Untermenschliche wieder.

Der Nationalsozialismus verfemte all diese Ismen als „entartete Kunst", verkaufte ihre Bilder ins Ausland, verbot den unerwünschten Künstlern das Schaffen und propagierte im „Haus der deutschen Kunst" in München neben einigen wertvollen, Vergangenes wieder belebenden Künstlern unter der diktatorischen Führung des Photographen Hoffmann Bildwerke, die in ihrem Realismus Photographien nahe kamen, und die durch ihre Inhalte zwar die Brücke zum Volke schlugen, aber als Kunst indiskutabel waren.

Als der Nationalsozialismus zusammenbrach, wurde das Vakuum, die Ziel- und Ratlosigkeit offenbar. Um das an den Expressionisten und Gegenstandslosen begangene Unrecht wieder gut zu machen, wurde ihre „entartete" Kunst zur „befreiten" erklärt. Diese Ehrenrettung war aber eine zweite Totenbeschwörung, denn schon der Nationalsozialismus hatte sich gegen bereits vergangene, von der „Neuen Sachlichkeit" überholte Richtungen gewandt. Nun streiten die Zünftigen darüber, wer Avantgarde, wer Nachhut und Reaktion sei.

Es ist möglich, daß es in Zukunft einen allgemein verbindlichen, das Leben der Gesamtheit ausrichtenden Stil nicht mehr geben wird. Die zeugenden Kräfte der Gegenwart leben nicht mehr in den rein geistigen, zweckfreien Bereichen, die auf den Menschen gerichtet sind, sondern in den dingbezogenen, in Wirtschaft, Technik und den Wissenschaften von der anorganischen Natur, in Physik und Chemie. Als ihr Gleichnis wird die gegenstandslose, die entmenschlichte Kunst weiterleben, ohne wohl den Elan ihrer Begründer Picasso und Kandinsky wiederzugewinnen. Verständnis — echtes oder geheucheltes — wird sie nur bei Intellektuellen und Ästheten finden. Die breite Masse wird sich mit den eigentlichen Nachfolgern der Malerei begnügen, die sie technisiert und popularisiert haben, der Photographie und dem Film, oder als Reaktion auf die unverstandene Atelierkunst eine „neue Sinnigkeit" suchen.

Über diesen Extremen deutet sich aber noch eine dritte Möglichkeit an. Um 1925, als die „Sachlichkeit" sich wieder an geschichtliche Lösungen anschloß, am fruchtbarsten Dix an die Altdeutschen und die Romantiker, hat in Frankreich Maurice Utrillo (geb. 1883) den Impressionismus, schon vorher Picasso den Klassizisten Ingres und neuerdings Cranach wieder belebt, und jüngst hat auch der Italiener Giorgio Chirico (geb. 1888) dem Surrealismus, den er für Bluff erklärte, den Rücken gekehrt und das achtzehnte Jahrhundert wieder aufgenommen. Es scheint also, als übernähme jetzt die „reaktionäre" Kunst die Avantgarde, als sei ein Historismus im Werden. Vor dieser Aussicht wird vielen schaudern. Die historische Architektur des neunzehnten Jahrhunderts ist eine nicht zu überhörende Warnung. Aber eine Anknüpfung an Vergangenes braucht nicht so unschöpferisch zu sein wie jene. Picasso ist von Ingres angeregt, aber er kopiert ihn nicht, wie das die Baumeister des vorigen Jahrhunderts mit ihren Vorbildern taten. Sogar eine schöpferische Synthese von Expressionismus und neuem Naturerlebnis, eine Durchdringung gegenstandsloser Kompositionen mit wieder gegenständlichem Auffassen beginnt sich bei einigen Malern abzuzeichnen. Daß wir ohne eine Befruchtung durch Vergangenes nicht weiterkommen, ist sicher. Bei der Armut der Gegenwart in den zweckfreien geistigen Bereichen ist der Verzicht auf eine völlig eigene und neue Kunst unumgänglich. Zudem ist seit Ende des Barocks unser ganzes Leben, sind Theater, Musikpflege und der Rest unserer Wohnkultur vorwiegend historistisch. Bach schrieb noch für jeden Gottesdienst eine neue Fuge. Wir reproduzieren fast nur alte. Nur durch den Anschluß an Altes vermögen wir die Gefahr des Nihilismus zu bannen, in dem Pessimisten das Kennzeichen der Gegenwart sehen. Diese geistige Leere gilt es mit den ewigen Gehalten zu füllen, die Christentum und Humanismus gebracht haben. Wir können keine andere Aufgabe lösen, als Erbe zu wahren und für eine Zeit aufzuheben, die es vielleicht wieder zu mehren begnadet ist. Aus der Befruchtung durch die Vergangenheit der Kunst, die den Menschen und die Natur verloren hat, wieder ein Leben weckendes und Leben verdichtendes Menschenbild zu geben, das ist die Aufgabe.

WAS IST STIL?

Ursprünglich bedeutet Stil dasselbe wie Stiel, nämlich Schreibgriffel. Gemeint ist die Art, diesen zu führen, d. h. die Ausdrucksweise eines Autors, das Gemeinsame in seinen Werken, so wie wir von seiner „Feder" sprechen. Übertragen gilt der Begriff auch für das Gemeinsame in den Äußerungen verschiedener Menschen, bis man schließlich von Zeit- oder Volksstil spricht.

Daß alle Objektivationen, die das Subjekt aus sich herausstellt und am Rande des weiter fließenden Lebens als unveränderlich zurückläßt, sich im Stil entsprechen, hat seinen Grund in dem Gesetz, unter dem der Schaffende angetreten ist. „So mußt Du sein, Du kannst Dir nicht entfliehen". Wenn unter „Gesetz" nicht mechanische Naturgesetze verstanden werden, sondern im Sinne Goethes die organische Auswirkung der Anlagen, gibt es solche Gesetze wie für den Einzelnen auch für alle in einer Zeitstufe oder in einem Raum Stehenden. Die Variante der Zeit und die Konstante des Raumes (Volk, Landschaft, I, S. 14) bestimmen und determinieren alles Schaffen. Jeder Gestaltende hat wie seinen räumlichen so auch seinen geschichtlichen Ort. Beide prägen seinen Stil und stellen ihm seine Aufgabe. Um ein simples Beispiel zu nehmen: In der Lokomotive, dem Automobil, dem Flugzeug liegt als Entelechie (innewohnendes Ziel) die zweckmäßigste Form. Schritt für Schritt nähern die Ingenieure das Gebilde diesem Ziel, wandeln durch Jahrzehnte etwa das Automobil vom Stil des Pferdewagens, dem statt der Deichsel ein Motor gegeben ist, zum Stromlinien-Stil. Ob ein Ingenieur einen Schritt auf diesem Wege tut, hängt von seinem Willen und seinen Fähigkeiten ab. Welchen Schritt er aber tut, das ist ihm vorbestimmt. In der Richtung seiner Arbeit ist er nicht frei, sondern Werkzeug der dem Automobil immanenten Entwicklung. Der Stil seiner Leistung wird also in einem überpersönlichen Bereich, nur ihre Qualität durch seine Person entschieden.

Ebensowenig wie der Ingenieur ist der Künstler in seinem Schaffen frei. Wie jener ist er in eine Aufgabe, einen Stil hineingeboren. Jeder Kapitellbildner des 10. Jh.s mußte das aus der Antike überkommene Kapitell vereinfachen, wie jeder in der Hochromanik meißelnde es bereichern mußte. Jenem war eine Bindung der Form, diesem ihre Lösung aufgegeben. Ob er überhaupt Kapitelle macht und wie gut er sie macht, das steht bei seinem Willen und seinen Kräften. In welchem Stil er sie aber macht, das ist ihm von seinem geschichtlichen Ort vorgeschrieben. Selbst das Genie unterliegt dieser Determination (Vorbestimmtheit). Es überfliegt nur den Durchschnitt qualitativ durch umfassende Verdichtung des in seiner Zeit Angelegten und zeitlich durch zielweisende Vorwegnahme des der Menge noch nicht Sichtbaren. Das Genie steht vor seiner Zeit, aber nicht außerhalb ihrer. So ist jeder Schaffende ein Werkzeug des Walters der Geschichte, dessen Plan er dienend erfüllen muß.

Welchen Sinn hat nun dieser umfassende Plan, die Folge der Stile? Zwei Antworten sind auf diese Frage gegeben worden. Der Idealismus sah nur eine vollkommene und absolute Schönheit, die der griechischen Klassik, und den Sinn der Kunst in ihrer Erreichung oder Wiederfindung. Hier hat die Kunsttheorie der Renaissance bis zu Vasari wie die Winckelmanns, der Klassizisten und noch der Deutschrömer ihre Wurzel. Der Realismus dagegen setzte der Kunst aus dem rationalen Willen zur Unterwerfung aller Natur unter den Menschengeist das Ziel, das Bildwerk zum Abbild des Naturvorbildes zu entwickeln, die Natur durch ihre Abbildung völlig zu gewinnen. Alle realistische Kunst vom 15. bis ins 19. Jh. und zuletzt das Publikumslob: „Wie naturgetreu!" stammen aus dieser Zielsetzung. Dort gilt die Schönheit, hier die Wahrheit — diese als Übereinstimmung des Gestalteten mit dem Gesehenen — als vollkommene Kunst.

Beide Antworten setzen absolut, was tatsächlich nur relativ, nur eine unter vielen Möglichkeiten ist, beide müssen große Leistungen, etwa des Mittelalters, das weder klassisch noch realistisch war, gering achten. Deshalb erklärte die auf dem Positivismus, auf dem Willen zur voraussetzungslosen Ordnung der Tatsachen beruhende, vom mittleren 19. Jh. bis zur Gegenwart reichende Kunstwissenschaft jegliche Wertung für unwissenschaftlich und machte sie zur Privatsache. Dieser skeptische Verzicht hatte zur Folge, daß die Kunstgeschichte keine Deutung mehr für den Sinn der Geschichte gibt und in einem ungeheuren Haufen von gleichberechtigten Werken zu ertrinken droht. Aus ihm kann das Wesentliche nur herausgehoben werden durch eine Wertfrage, die vom Sinn des Menschseins ausgeht. Wir meinen, es sei die Aufgabe aller außermenschlichen Geschöpfe, aller Naturwesen, je eine einzige Möglichkeit des Daseins vollendet auszuformen, die Aufgabe des Menschen aber, daß er viele Möglichkeiten darstelle, daß er Schöpfer sei und nach den Worten des biblischen Mythos werde wie Gott, das Naturgegebene nach seinem freien Willen gestalte. Wie er die Natur- zur Kulturlandschaft umformt, so formt er die Natur und sich selbst in der Kunst um und schafft sie immer wieder von neuem. In diesem Schaffen verdichtet er viele Arten des Daseins und Menschseins zu Sinnbildern des Lebens. Die Summe dieser verschiedenen Selbstdarstellungen ergibt den ganzen Menschen. Stile sind also Sektoren im Umkreis des Menschlichen. Der Sinn des Geisteslebens und zumal der Kunst ist die Entfaltung, Verdichtung und Selbstdarstellung aller Entelechien des Menschen, aller vom Schöpfer in ihm angelegten Möglichkeiten. Eine auf diese augensinnlichen Selbstdarstellungen gerichtete Kunstbetrachtung, die durch Sichtbar- und Bewußtmachung des in uns aufgehobenen Erbes zur Erkenntnis unserer selbst und des Menschen überhaupt führt, mag man die „anthropologische" nennen.

Jedes Volkstum wird in einem anderen Stil den Gipfel seines Daseins darstellen, den eben, in dem ihre ewigen Anlagen mit einer zeitlich bedingten geistigen Lage zusammentreffen. Die nach Objektivität strebende Wissenschaft wird die Gipfel der Kunst und ihre höchsten Werte überall da sehen, wo solche Selbstdarstellungen von genialen Meistern folgerichtig und endgültig ausgeprägt sind, wo eine Entwicklung nicht auf dem Wege, sondern am Ziele ist. Jeder einzelne aber wird den Stil am meisten lieben, der seinem eigenen Wesen gemäß ist, um von ihm Vorbild und Bildung zu empfangen.

Die Frage nach dem Sein und dem Sinn der Stile führt ebenso über das Rationale hinaus, wie die Frage nach ihrem Werden. Denn der Urgrund, in dem die Gründe für die Stilwandlungen liegen, die causa causans, welche die Faktoren der Form-, Geistes- und Gesellschaftsgeschichte jeweils auf ein gemeinsames Ziel richtet, bleibt unergründlich. Die Grundtatsache in allem Kunstschaffen und Geistesleben überhaupt, daß es sich unaufhörlich wandelt, während die Natur sich durch hunderttausende von Jahren gleichbleibt, läßt die Wissenschaft mit einer Frage an die Metaphysik, mit Demut und Verehrung enden. Und diese Haltung, die soweit als möglich das rationale Fragen der Wissenschaft vortreibt, dann aber in Ehrfurcht vor dem Unerforschlichen schweigt, diese Haltung scheint uns eine echte und fruchtbare Religiosität zu sein.

Schema der Kultur- und Stilstufen

Zeiten	soziale Form	soziale Führung	Wirtschaft	Geisteshaltung	Kunst	Eskimos, Buschmänner	Naturvölker	Beninneger	Mesopotamien u. Ägypten	Antike	Abendland
Altsteinzeit	Horde	Jäger	Jagen u. Sammeln	Jagdzauber	magischer Realismus	seit 20 000 v. Chr.					
Mittel- u. Jungsteinzeit	Stamm	Bauer	Ackerbau	beginnende Ordnung der Natur	abstrakte Zier		10 000 v. Chr.				
Bronzezeit	Volk	Großbauer	Beginn der Arbeitsteilung	Kult der Naturmächte	symbolische Zier			?	4000 v.Chr.	2000 v. Chr.	
Völkerwanderung	Kampfgemeinschaft	heldischer Fürst	kriegerisches Wanderhirtentum	heroischer Mythos u. Dämonenglaube	apotropäische Zier				—	1200 v.Chr.	400 n.Chr.
Mittelalter	Stand	Ritter	Großgrundbesitz	sakraler Mythos	sakraler Idealismus		nicht		2000 v.Chr.	800 v.Chr.	800 n.Chr.
Neuzeit	Individuen	Bürger	Stadtwirtschaft	empirischer Rationalismus	profaner Realismus		erreichte			300 v.Chr.	1350 n.Chr.
Neueste Zeit	Masse	Arbeiter	Großindustrie	technischer Rationalismus	technisierte Zweckkunst Photographie		Stufen				1832

LITERATURVERZEICHNIS

Es werden weniger die grundlegenden Werke der Forschung genannt, als Nachschlagewerke, deren Literaturangaben den Suchenden weiterführen, und gemeinverständliche, wohlfeile Bücher.

Hdb. = Handbuch der Kunstwissenschaft, Berlin-Neubabelsberg.
L. = Langewiesches Blaue Bücher.

Für alle Epochen.

K. Woermann, Geschichte der Kunst, 6 Bände.
H. Weigert, Geschichte der europäischen Kunst, 1951.
Otto Schmitt, Reallexikon zur deutschen Kunstgeschichte, im Erscheinen.
G. Dehio, Geschichte der deutschen Kunst. Je vier Text- und Abb.-Bände.
H. Weigert, Geschichte der deutschen Kunst, 3. Aufl. 1952.
G. Dehio, Handbuch der deutschen Kunstdenkmäler, 5 Bände, topographisch geordnet, für den Kunst suchenden Reisenden unentbehrlich.
Thieme-Beckers Künstlerlexikon.
Wasmuths Lexikon der Baukunst.
Geschichte des Kunstgewerbes aller Zeiten u. Völker, hg. v. H. Th. Bossert, 6 Bände, seit 1928.
K. Künstle, Ikonographie der christlichen Kunst, 1926.
Inventare der deutschen Bau- und Kunstdenkmäler, für den Bereich jeder Kreisverwaltung ein Band.
Für einzelne Kunststätten die trefflichen Reihen „Deutsche Bauten", von H. Giesau im Verlag Hopfer, Burg b. Magdeburg, herausgegeben; „Deutsche Lande — Deutsche Kunst" im Deutschen Kunstverlag, München; „Berühmte Kunststätten" und „Stätten der Kultur" in den Leipziger Verlagen E. A. Seemann und Klinkhardt & Biermann; die Reihe „Deutsche Dome" des Deutschen Kunstverlages, München (Naumburg, Bamberg, Straßburg, Kaiserdome am Mittelrhein, Xanten, Westfälische Dome, Norddeutsche Backsteinkirchen, Süddeutsche Barockkirchen).

Vorgeschichte.

M. Ebert, Reallexikon der Vorgeschichte, seit 1924, bis zur Zeitwende.
J. Hoops, Reallexikon der germanischen Altertumskunde, seit 1911.
K. Schuchhardt, Alteuropa, 3. Aufl. 1935.
K. Schuchhardt, Vorgeschichte von Deutschland, 1928, 2. verm. Aufl. 1934.

F. Adama van Scheltema, Die altnordische Kunst, 1923.
F. Adama van Scheltema, Die Kunst der Vorzeit, 1950.
A. Haupt, Die älteste Kunst, insbesondere die Baukunst der Germanen, 1909.
H. Weigert, Die Bedeutung des germanischen Ornaments. In der Festschrift für W. Pinder, 1938.

Antike.

Paulys Realencyklopädie des klassischen Altertums, wissenschaftl. bearbeitet von G. Wissowa 1894 ff.
L. Curtius-Zschietzschmann, Die antike Kunst, Hdb.
E. Pfuhl, Malerei und Zeichnung der Griechen, 1923.
G. Rodenwaldt, Die Kunst der Antike, 1927.
W. Technau, Die Kunst der Römer, 1938.
E. Buschor, Vom Sinn der griechischen Standbilder, 1942.

Altchristliche und byzantinische Kunst.

O. Wulff, Altchristliche und Byzantinische Kunst, Hdb.
W. Neuß, Die Kunst der alten Christen, 1926.

Mittelalter.

W. Pinder, Die Kunst der deutschen Kaiserzeit, 1935, Volksausgabe 1938.
W. Pinder, Die Kunst der ersten Bürgerzeit, 1938.
G. Dehio und G. v. Bezold, Die christliche Baukunst des Abendlandes 1892, 1901.
P. Frankl, Die frühmittelalterliche und romanische Baukunst des Mittelalters, Hdb.
K. H. Clasen, Die gotische Baukunst, Hdb.
W. Pinder, Deutsche Dome des Mittelalters, L.
J. Baum, Malerei und Plastik des Mittelalters, Hdb.
H. Beenken, Romanische Skulptur in Deutschland, 1924.
H. Jantzen, Ottonische Kunst, 1947.
H. Sedlmayr, Die Entstehung der Kathedrale, 1950.
H. Jantzen, Deutsche Bildhauer des 13. Jahrhunderts, 1935.
H. Swarzenski, Vorgotische Miniaturen, L.
H. Weigert, Das Kapitell in der deutschen Baukunst des Mittelalters, 1943.

Neuzeit.

M. Wackernagel, Die Baukunst des 17. und 18. Jahrhunderts in den germanischen Ländern, Hdb.
W. Pinder, Deutscher Barock, L.

W. Pinder, Die deutsche Plastik, Hdb. 2 Bde.
A. E. Brinckmann, Barockskulptur, Hdb.
A. Feulner, Skulptur und Malerei des 18. Jahrhunderts in Deutschland, Hdb.
W. Pinder, Deutsche Barockplastik, L.
Burger-Schmitz-Beth, Die deutsche Malerei vom ausgehenden Mittelalter bis zum Ende der Renaissance, Hdb.
E. Heidrich, Die altdeutsche Malerei, 1909.
C. Glaser, Die altdeutsche Malerei, 1924.
W. Drost, Barockmalerei in den germanischen Ländern, Hdb.
G. Pauli, Das neunzehnte Jahrhundert, 1934 (als Fortsetzung von Dehios deutscher Kunstgeschichte).
R. Hamann, Die deutsche Malerei vom Rokoko bis zum Expressionismus, 1925.
H. Beenken, Das neunzehnte Jahrhundert in der deutschen Kunst, 1944.
H. Sedlmayr, Verlust der Mitte, 1948.

Stilkunde.

H. Wölfflin, Kunstgeschichtliche Grundbegriffe, 1915.
A. Riegl, Stilfragen, 1893, 2. Aufl. 1923.
A. E. Brinckmann, Plastik und Raum, 1922.
W. Pinder, Das Problem der Generation, 1926.
H. Weigert, Die heutigen Aufgaben der Kunstwissenschaft, 1935.

BILDERNACHWEIS

Dr. F. Stoedtner, Düsseldorf: 2. 4. 5. 6. 7. 8. 9. 10. 11. 12. 13. 14. 22. 24. 25. 26. 27. 28. 29. 31. 32. 35. 36. 37. 38. 39. 40. 41. 42. 50. 54. 56. 57. 58. 59. 63. 65. 66. 67. 68. 71. 72. 73. 74. 75. 76. 77. 78. 79. 80. 81. 82. 83. 84.

Marburger Photo: 3. 49. 53. 69.

Staatliche Bildstelle, Berlin: 15. 16. 23. 33. 55. 60. 64.

Deutscher Kunstverlag, Berlin (Phot. Hildegard Heise): 17.

— (Phot. Rolf Kellner, Karlsruhe): 30.

— (Phot. F. Adam, Fürstenfeldbruck): 70.

Landesbildstelle Sachsen, Dresden: 19.

Rheinisches Museum, Köln, Bildarchiv: 34.

Zeichnungen von Dipl.-Ing. K. Homeyer, Breslau: 18. 20. 21. 51. 52

REGISTER DER PERSONEN, SACHEN UND BEGRIFFE
zu Bd. I und II.

Fettgedruckte Zahlen bezeichnen die Seiten, auf denen ein Begriff erklärt wird.)

GESAMTVERZEICHNIS

SAMMLUNG GÖSCHEN

DAS WISSEN DER WELT IN KURZEN,
KLAREN, ALLGEMEINVERSTÄNDLICHEN
EINZELDARSTELLUNGEN NACH DEN
LEHRPLÄNEN DER DEUTSCHEN
UNIVERSITÄTEN UND HOCHSCHULEN
AUFGEBAUT

JEDER BAND DM 2,40

DOPPELBAND DM 4,80

STAND APRIL 1954

WALTER DE GRUYTER & CO.

BERLIN W 35

INHALTSVERZEICHNIS

Geisteswissenschaften

Philosophie · Pädagogik · Psychologie · Soziologie

Einführung in die Philosophie von *H. Leisegang*. 2. Auflage. 145 Seiten. 1951 . . . . Bd. 281

Erkenntnistheorie von *G. Kropp* 1. Teil: Allgemeine Grundlegung. 143 Seiten. 1950 . . . . Bd. 807

Hauptprobleme der Philosophie von *G. Simmel*†. 7., unveränd. Auflage. 177 Seiten. 1950 . . . . Bd. 500

Geschichte der Philosophie

I: Die griechische Philosophie von *W. Capelle*. 1. Teil. Von Thales bis Leukippos. 2., erweiterte Auflage. 135 Seiten. 1953 . . . . Bd. 857

II: Die griechische Philosophie von *W. Capelle*. 2. Teil. Von der Sophistik bis zum Tode Platons. 2., stark erweiterte Auflage. 144 Seiten. 1953 . . . . Bd. 859

III: Die griechische Philosophie von *W. Capelle*. 3. Teil. Vom Tode Platons bis zur Alten Stoa. 2., stark erweiterte Auflage. 132 Seiten. 1954 . . . . Bd. 859

IV: Die griechische Philosophie von *W. Capelle*. 4. Teil. Von der Alten Stoa bis zum Eklektizismus im 1. Jahrhundert v. Chr. 2., stark erweiterte Auflage. 132 Seiten. 1954 . . . . Bd. 863

V: Die Philosophie des Mittelalters von *J. Koch*. In Vorbereitung . . . . Bd. 826

VI: Die vorkantische Philosophie von *K. Schilling*. In Vorbereitung . . . . Bd. 394

VII: Immanuel Kant von *G. Lehmann*. In Vorbereitung . Bd. 536

VIII: Die Philosophie des 19. Jahrhunderts von *G. Lehmann*. 1. Teil. 151 Seiten. 1953 . . . . Bd. 571

IX: Die Philosophie des 19. Jahrhunderts von *G. Lehmann*. 2. Teil. 168 Seiten. 1953 . . . . Bd. 709

X: Die Philosophie im ersten Drittel des 20. Jahrhunderts von *G. Lehmann*. In Vorbereitung . . . . . Bd. 845

Die geistige Situation der Zeit (1931) von *K. Jaspers*. 3., unveränderter Abdruck der 1932 bearbeiteten 5. Auflage. 211 Seiten. 1953 . . . . Bd. 1000

Philosophisches Wörterbuch von *M. Apel*. 4., unveränderte Auflage. 260 Seiten. 1953 . . . . Bd. 1031

Geschichte der Pädagogik von *H. Weimer*. 11., neubearbeitete und vermehrte Auflage. 1954. In Vorbereitung . . . Bd. 145

Therapeutische Psychologie. Freud — Adler — Jung von *W. M. Kranefeldt*. Mit einer Einführung von *C. G. Jung*. 2. Auflage. 152 Seiten. 1950 . . . . Bd. 1034

Soziologie. Geschichte und Hauptprobleme von *L. von Wiese*. 4. Auflage. 151 Seiten. 1950 . . . . Bd. 101

Religionswissenschaften

Buddhismus von *E. Waldschmidt*. 2 Teile. 1955. In Vorber. Bd. 174/770

Jesus von *M. Dibelius* †. 2. Auflage. Unveränderter Nachdruck. 137 Seiten. 1949 . . . . Bd. 1130

Paulus von *M. Dibelius* †. Nach dem Tode des Verfassers herausgegeben und zu Ende geführt von *W. G. Kümmel*. 155 Seiten. 1951 . . . . Bd. 1160

Musik

Musikästhetik von *H. J. Moser*. 180 Seiten. 1953 . . . . Bd. 344

Systematische Modulation von *R. Hernried*. 2. Auflage. 136 Seiten. 1950 . . . . Bd. 1094

Der polyphone Satz von *E. Pepping*. 1. Teil: Der cantus-firmus-Satz. 2. Auflage. 223 Seiten. 1950 . . . . Bd. 1148

Harmonielehre von *H. J. Moser*.
I: 112 Seiten. 1954 . . . . Bd. 809
II: In Vorbereitung . . . . Bd. 810

Gesangskunst von *H. J. Moser*. In Vorbereitung . . . . Bd. 576/576a

Die Kunst des Dirigierens von *H. W. von Waltershausen*. 2. Auflage. 138 Seiten. 1954 . . . . Bd. 1147

Die Technik des Klavierspiels aus dem Geiste des musikalischen Kunstwerkes von *K. Schubert* †. 3. Auflage. 108 Seiten. 1954 . . . . Bd. 1045

Die Musik des 19. Jahrhunderts von *W. Oehlmann*. 180 Seiten. 1953 . . . . Bd. 170

Kunst

Stilkunde von *H. Weigert*.
I: Vorzeit, Antike, Mittelalter. 2. Auflage. 136 Seiten. Mit 94 Abbildungen. 1954 . . . . Bd. 80
II: Spätmittelalter und Neuzeit. 2. Auflage. 141 Seiten. Mit 84 Abbildungen. 1954 . . . . Bd. 781

Geschichte

Einführung in die Geschichtswissenschaft von *P. Kirn*. 2. Auflage. 121 Seiten. 1952 . . . . Bd. 270

Archäologie von *A. Rumpf*.
I: Einleitung, historischer Überblick. 143 Seiten mit 6 Abbildungen im Text und 12 Tafeln. 1953 . . . . . Bd. 538
II: In Vorbereitung . . . . Bd. 539

Kultur der Urzeit von *F. Behn*. 4. Auflage der „Kultur der Urzeit". Band I–III von *M. Hoernes*.
I: Die vormetallischen Kulturen. (Die Steinzeiten Europas. Gleichartige Kulturen in anderen Erdteilen). 172 Seiten mit 48 Abbildungen. 1950 . . . . Bd. 564
II: Die älteren Metallkulturen. (Der Beginn der Metallbenutzung. Kupfer- und Bronzezeit in Eurpoa, im Orient und in Amerika). 160 Seiten mit 67 Abbildungen. 1950 Bd. 565
III: Die jüngeren Metallkulturen. (Das Eisen als Kulturmetall. Hallstatt-Latene-Kultur in Europa. Das erste Auftreten des Eisens in den anderen Erdteilen). 149 Seiten mit 60 Abbildungen. 1950 . . . . Bd. 566

Vorgeschichte Europas von *F. Behn*. Völlig neue Bearbeitung der 7. Auflage der „Urgeschichte der Menschheit" von *M. Hoernes*. 125 Seiten mit 47 Abbildungen. 1949 . . . Bd. 42

Von den Karolingern zu den Staufern von *J. Haller*. Die altdeutsche Kaiserzeit (900–1250). 3. Auflage. 141 Seiten mit 4 Karten. 1944 . . . . Bd. 1065

Deutsche Geschichte im Zeitalter der Reformation, der Gegenreformation und des 30jährigen Krieges von *F. Hartung*. 129 Seiten. 1951 . . . . Bd. 1105

Quellenkunde der deutschen Geschichte im Mittelalter von *K. Jacob*† (bis zur Mitte des 15. Jahrhunderts).
I: Einleitung, Allgemeiner Teil. Die Zeit der Karolinger. 5. Auflage. 118 Seiten. 1949 . . . . Bd. 279
II: Die Kaiserzeit (911–1250). 4. Auflage. 127 Seiten. 1949 Bd. 280
III: Das Spätmittelalter (vom Interregnum bis 1500). Unter Verwendung der Hinterlassenschaft herausgegeben von *F. Weden*. 152 Seiten. 1952 . . . . Bd. 284

Zeitrechnung der römischen Kaiserzeit, des Mittelalters und der Neuzeit von *H. Lietzmann*†. Für die Jahre 1–2000 n. Chr. 2. Auflage. Von A. Hofmeister. 1954. In Vorbereitung . . . . Bd. 1085

Badische Geschichte von A. Krieger. 137 Seiten. 1921 . . . . Bd. 230

Geschichte Englands von *H. Preller*.
I: bis 1815. 3., stark umgearbeitete Auflage. 135 Seiten mit 7 Stammtafeln und 2 Karten im Text. 1952 . . . . Bd. 375
II: In Vorbereitung . . . . Bd. 1088

Thüringische Geschichte von *E. Devrient*. 2. Auflage. 136 Seiten. 1921. . . . . Bd. 352

Deutsche Sprache und Literatur

Deutsches Rechtschreibungswörterbuch von *M. Gottschald*. 2., verbesserte Auflage. 269 Seiten. 1953 . . . . . Bd. 200/200a

Deutsche Wortkunde von *A. Schirmer*. Eine kulturgeschichtliche Betrachtung des deutschen Wortschatzes. 3., durchgesehene Auflage. 109 Seiten. 1949 . . . . Bd. 929

Deutsche Sprachlehre von *W. Hofstaetter*. 9., neubearbeitete Auflage von *G. Spree*. 114 Seiten. 1953 . . . . Bd. 20

Redetechnik von *H. Biehle*. Eine Einführung in die Rhetorik. 115 Seiten. 1954 . . . . Bd. 61

Sprechen und Sprachpflege von *H. Feist*. (Die Kunst des Sprechens). 2., verbesserte Auflage. 99 Seiten mit 25 Abbildungen. 1952 . . . . Bd. 1122

Deutsches Dichten und Denken von der germanischen bis zur staufischen Zeit von *H. Naumann*. (Deutsche Literaturgeschichte vom 5.–13. Jahrhundert). 2., verbesserte Auflage. 166 Seiten. 1952 . . . . Bd. 1121

Deutsches Dichten und Denken vom Mittelalter zur Neuzeit von *G. Müller* (1270–1700). 2., durchgesehene Auflage. 159 Seiten. 1949 . . . . Bd. 1086

Deutsches Dichten und Denken von der Aufklärung bis zum Realismus von *K. Viëtor* (Deutsche Literaturgeschichte von 1700–1890). 2., durchgesehene Auflage. 156 Seiten. 1949 . . . . Bd. 1096

Deutsche Heldensagen von *H. Schneider*. In Vorbereitung . . Bd. 32

Der Nibelunge Nôt in Auswahl mit kurzem Wörterbuch von *K. Langosch*. 9., umgearbeitete Auflage. 164 Seiten. 1953 Bd. 1

Die deutschen Personennamen von *M. Gottschald*. In Vorbereitung . . . . Bd. 422

Indogermanisch · Germanisch

Gotisches Elementarbuch von *H. Hempel*. Grammatik, Texte mit Übersetzung und Erläuterungen. 2., umgearbeitete Auflage. 165 Seiten. 1953 . . . . Bd. 79

Indogermanische Sprachwissenschaft von *H. Krahe.* 2. Auflage. 134 Seiten. 1948 . . . . Bd. 59

Germanische Sprachwissenschaft von *H. Krahe.* 2. Auflage.

I: Einleitung und Lautlehre. 127 Seiten. 1948 . . . . Bd. 238

II: Formenlehre. 140 Seiten. 1948 . . . . Bd. 780

Althochdeutsches Elementarbuch von *H. Naumann* † und *W. Betz.* 2. Auflage. 156 Seiten. 1954 . . . . Bd. 1111

Altnordisches Elementarbuch von *F. Ranke.* Schrifttum, Sprache, Texte mit Übersetzung und Wörterbuch. 2., durchgesehene Auflage. 146 Seiten. 1949 . . . . . . Bd. 1115

Englisch · Französisch · Italienisch

Altenglisches Elementarbuch von *M. Lehnert.* Einführung, Grammatik, Texte mit Übersetzung und Wörterbuch. 2., verbesserte und vermehrte Aufl. 176 Seiten. 1950 . Bd. 1125

Beowulf von *M. Lehnert.* Eine Auswahl mit Einführung, teilweiser Übersetzung, Anmerkungen und etymologischem Wörterbuch. 2., verbesserte Auflage. 135 Seiten. 1949 Bd. 1135

Englische Literaturgeschichte.

I: Die alt- und mittelenglische Periode von *F. Schubel.* 163 Seiten. 1954 . . . . Bd. 1114

II: Von der Renaissance bis zur Aufklärung von *Paul Meissner*†. 139 Seiten. 1937 . . . . Bd. 1116

III: Romantik und Viktorianismus von *Paul Meissner*†. 150 Seiten. 1938 . . . . Bd. 1124

IV: Das 20. Jahrhundert von *Paul Meissner*†. 150 Seiten. 1939 . . . . Bd. 1136

Romanische Sprachwissenschaft von *H. Lausberg.* 2 Bände. In Vorbereitung . . . . Bd. 128/250

Italienische Literaturgeschichte von *K. Vossler.* Unveränderter Nachdruck der 1927 erschienenen 4., durchgesehenen und verbesserten Auflage. 148 Seiten. 1948 . . . . Bd. 125

Shakespeare von *P. Meissner*†. 2. Auflage, neubearbeitet von M. Lehnert. 136 Seiten. 1954 . . . . Bd. 1142

Griechisch · Lateinisch

Griechische Sprachwissenschaft von *W. Brandenstein.*

I: Einleitung, Lautsystem, Etymologie. 160 Seiten. 1954 Bd. 117

Geschichte der griechischen Sprache von *O. Hoffmann*†.

I: Bis zum Ausgang der klassischen Zeit. 3., umgearbeitete Auflage von *A. Debrunner.* 156 Seiten. 1954 . . . . Bd. 111

II: In Vorbereitung . . . . Bd. 114

Geschichte der griechischen Literatur von *W. Nestle.* 2., verbesserte Auflage.

I: Von den Anfängen bis auf Alexander d. Gr. 148 Seiten. 1950 . . . . Bd. 70

II: Von Alexander d. Gr. bis zum Ausgang der Antike. 128 Seiten. 1945 . . . . Bd. 557

Geschichte der lateinischen Sprache von *F. Stolz*†. 3., stark umgearbeitete Auflage von *A. Debrunner.* 136 Seiten. 1953 Bd. 492

Hebräisch · Sanskrit · Russisch

Hebräische Grammatik von *G. Beer*†. 2., völlig neubearbeitete Auflage von *R. Meyer*.
I: Schrift-, Laut- und Formenlehre I. 157 Seiten. 1952. Bd. 763/763a
II: Schrift-, Laut- und Formenlehre II. 1954. In Vorbereitung . . . . Bd. 764/764a
Hebräisches Übungsbuch von *G. Beer*† und *R. Meyer*. In Vorbereitung . . . . Bd. 769
Sanskrit-Grammatik von *M. Mayrhofer*. 89 Seiten. 1953 . . . Bd. 1158
Russische Grammatik von *G. Berneker*. 6., unveränderte Auflage von *M. Vasmer*. 155 Seiten. 1947 . . . . Bd. 66

Erd- und Länderkunde

Afrika von *F. Jaeger*. Ein geographischer Überblick. 2., umgearbeitete Auflage
I: Der Lebensraum. 174 Seiten. 1954 . . . . Bd. 910
II: Mensch und Kultur. 155 Seiten. 1954 . . . . Bd. 911
Amerika von *H. Dreyhaus*. 2 Bände. In Vorbereitung . . Bd. 855/856
Australien und Ozeanien von *H. J. Krug*. 176 Seiten mit 46 Skizzen. 1953 . . . . Bd. 319
Eiszeitalter von *E. Hameister*. In Vorbereitung . . . . Bd. 431
Kartenkunde von *M. Eckert-Greifendorff*†. 3., durchgesehene Auflage von *W. Kleffner*. 149 Seiten mit 63 Abb. 1950 Bd. 30

Volkswirtschaft

Allgemeine Betriebswirtschaftslehre von *K. Mellerowicz*. 8., unveränderte Auflage.
I: 142 Seiten. 1954 . . . . Bd. 1008
II: 112 Seiten. 1954 . . . . Bd. 1153
III: 143 Seiten. 1954 . . . . Bd. 1154
Statistik von *E. Meier* 2 Bände. In Vorbereitung . . . . . . Bd. 746

Naturwissenschaften

Mathematik

Geschichte der Mathematik von *J. E. Hofmann*
I: Von den Anfängen bis zum Auftreten von Fermat und Descartes. 200 Seiten. 1953 . . . . Bd. 226

Mathematische Formelsammlung von *F. Ringleb*. Vollständig umgearbeitete Neuausgabe des Werkes von *O. Th. Bürklen*. 5., verbesserte Auflage. 274 Seiten mit 57 Figuren. 1949 . . . . Bd. 51

Fünfstellige Logarithmen von *A. Adler*. Mit mehreren graphischen Rechentafeln und häufig vorkommenden Zahlwerten. 2. Auflage. Neudruck. 127 Seiten mit 1 Tafel. 1949 . . . . Bd. 423

Arithmetik von *H. Rohrbach* (früher Fischer). 1955. In Vorbereitung . . . . Bd. 47

Höhere Algebra von *H. Hasse*. 3., verbesserte Auflage.
I: Lineare Gleichungen. 152 Seiten. 1951 . . . . Bd. 931
II: Gleichungen höheren Grades. 158 Seiten mit 5 Figuren. 1951 . . . . Bd. 932

Aufgabensammlung zur höheren Algebra von *H. Hasse* und *W. Klobe*. 2., verbesserte und vermehrte Auflage. 181 Seiten. 1952 . . . . Bd. 1082

Elementare und klassische Algebra vom modernen Standpunkt von *W. Krull*. 2., erweiterte Auflage.
I: 136 Seiten. 1952 . . . . Bd. 930

Einführung in die Zahlentheorie von *A. Scholz*†. Überarbeitet von *B. Schoeneberg*. 1954. In Vorbereitung . . . . . Bd. 1131

Gruppentheorie von *L. Baumgartner*. 2. Auflage. 115 Seiten mit 6 Figuren. 1949 . . . . Bd. 837

Funktionentheorie von *K. Knopp*. 7. Auflage
I: Grundlagen der allgemeinen Theorie der analytischen Funktionen. 139 Seiten. Nachdruck 1954 . . . . . . Bd. 668
II: Anwendungen und Weiterführung der allgemeinen Theorie. 130 Seiten. Nachdruck 1954 . . . . Bd. 703

Aufgabensammlung zur Funktionentheorie von *K. Knopp*. 4. Auflage.
I: Aufgaben zur elementaren Funktionentheorie. 135 Seiten .1949 . . . . Bd. 877
II: Aufgaben zur höheren Funktionentheorie. 151 Seiten. 1949 . . . . Bd. 878

Elemente der Funktionentheorie von *K. Knopp*. 3. Auflage. 144 Seiten. Nachdruck 1954 . . . . Bd. 1109

Determinanten von *H. Wielandt* (früher Fischer). 1955. In Vorbereitung . . . . Bd. 402

Differentialrechnung von *A. Witting*†. 3., neubearbeitete Auflage. Durchgesehener Neudruck. 201 Seiten mit 95 Figuren und 200 Beispielen. 1949 . . . . Bd. 87

Physik

Einführung in die theoretische Physik von *W. Döring*
I: Mechanik. Mit 29 Abbildungen. 1954. In Vorbereitung Bd. 76
II: Theorie des elektromagnetischen Feldes. In Vorbereitg. Bd. 77
Atomphysik von *K. Bechert* und *Ch. Gerthsen*. 3., umgearb. Auflage.
I und II: 1955. In Vorbereitung . . . . Bd. 1009/1033
III: Theorie des Atombaus. 1. Teil von *K. Bechert*. 148 Seit. mit 16 Abbildungen. 1954 . . . . Bd. 1123/1123a
IV: Theorie des Atombaus. 2. Teil von *K. Bechert*. 170 Seiten mit 14 Abbildungen .1954 . . . . Bd. 1165/1165a
V, VI und VII: 1955. In Vorbereitung . . . . . Bd. 1166/1167/1168
Differentialgleichungen der Physik von *F. Sauter*. 2. Auflage. 148 Seiten mit 16 Figuren. 1950 . . . . Bd. 1070
Physikalische Formelsammlung von *G. Mahler* und *K. Mahler*. 8., verbesserte Auflage. 153 Seiten mit 69 Figuren. 1950 Bd. 136
Physikalische Aufgabensammlung von *G. Mahler* und *K. Mahler*. Mit den Ergebnissen. 7., verbesserte Auflage. 127 Seiten. 1952 . . . . Bd. 243

Chemie

Geschichte der Chemie von *G. Lockemann*. In kurzgefaßter Darstellung
I: Vom Altertum bis zur Entdeckung des Sauerstoffs. 142 Seiten mit 8 Bildnissen. 1950 . . . . Bd. 264
II: Von der Entdeckung des Sauerstoffs bis zur Gegenwart. In Vorbereitung . . . . Bd. 265
Anorganische Chemie von *W. Klemm*. 8. Auflage. 184 Seiten mit 18 Abbildungen. 1954 . . . . Bd. 37
Organische Chemie von *W. Schlenk*. 6., stark erweiterte Auflage. In Vorbereitung . . . . Bd. 38/38a
Allgemeine und physikalische Chemie von *W. Schulze*.
I: 1954. In Vorbereitung . . . . Bd. 71
II: 3., durchgesehene Auflage. 160 Seiten mit 36 Fig. 1949. Bd. 698
III.: Molekülbau. 1955. In Vorbereitung . . . . Bd. 786
Analytische Chemie von *J. Hoppe*. 5., verbesserte Auflage.
I: Reaktionen. 135 Seiten. 1950 . . . . Bd. 247
II: Gang der qualitativen Analyse. 166 Seiten. 1950 . . . Bd. 248
Maßanalyse von *G. Jander* und *K. F. Jahr*. Theorie und Praxis der klassischen und der elektrochemischen Titrierverfahren. 6. Auflage.
I: 140 Seiten mit 18 Figuren. 1952 . . . . Bd. 221
II: 139 Seiten mit 24 Figuren. 1952 . . . . Bd. 1002
Thermochemie von *W. A. Roth*. 2., verbesserte Auflage. 109 Seiten mit 16 Figuren. 1952 . . . . Bd. 1057
Physikalisch-chemische Rechenaufgaben von *E. Asmus*. 2. Auflage. 96 Seiten. 1949 . . . . Bd. 445
Stöchiometrische Aufgabensammlung von *W. Bahrdt* und *R. Scheer*. Mit den Ergebnissen. 5., verbesserte Auflage. 120 Seiten. 1952 . . . . Bd. 452
Elektrochemie und ihre physikalisch-chemischen Grundlagen von *A. Dassler*.
I: 149 Seiten mit 21 Abbildungen. 1950 . . . . Bd. 252
II: 178 Seiten mit 17 Abbildungen. 1950 . . . . Bd. 253

Technologie

Warenkunde von *K. Hassak*† und *E. Beutel*†. 7. Auflage. Neubearbeitet von *A. Kutzelnigg*.
I: Anorganische Waren sowie Kohle und Erdöl. 116 Seiten mit 19 Figuren. 1947 . . . . Bd. 222
II: Organische Waren. 143 Seiten mit 32 Figuren. 1949 . . Bd. 223

Die Fette und Öle von *K. Braun*†. 5., völlig neubearbeitete und verbesserte Auflage von *Th. Klug*. 145 Seiten. 1950 . . Bd. 335

Die Seifenfabrikation von *K. Braun*†. 3., neubearbeitete und verbesserte Auflage von *Th. Klug*. 116 Seiten mit 18 Abbildungen. 1953 . . . . Bd. 336

Textilindustrie von *A. Blümcke*.
I: Spinnerei und Zwirnerei. 112 Seiten mit 43 Abbildungen. 1954 . . . . Bd. 184

Biologie

Hormone von *G. Koller*. 2., neubearbeitete und erweiterte Auflage. 187 Seiten mit 60 Abbildungen und 19 Tabellen. 1949 . . . . Bd. 1141

Fortpflanzung im Tier- und Pflanzenreich von *J. Hämmerling*. 2., ergänzte Auflage. 135 Seiten mit 101 Abbildungen. 1951 . . . . Bd. 1138

Geschlecht und Geschlechtsbestimmung im Tier- und Pflanzenreich von *M. Hartmann*. 2., verbesserte Auflage. 116 Seiten mit 61 Abbildungen und 7 Tabellen. 1951 . Bd. 1127

Grundriß der allgemeinen Mikrobiologie von *W. Schwartz*
I: 104 Seiten mit 17 Abbildungen. 1949 . . . . Bd. 1155
II: 93 Seiten mit 12 Abbildungen. 1949 . . . . Bd. 1157

Symbiose der Tiere mit pflanzlichen Mikroorganismen von *P. Buchner*. 2., verbesserte und vermehrte Auflage. 130 Seiten mit 121 Abbildungen. 1949 . . . . Bd. 1128

Botanik

Entwicklungsgeschichte desPflanzenreiches von *H. Heil*. 2. Auflage. 138 Seiten mit 94 Abbildungen und 1 Tabelle. 1954 Bd. 1137

Morphologie der Pflanzen von *L. Geitler*. 3. Auflage. 1954. In Vorbereitung. . . . . Bd. 141

Pflanzenzüchtung von *H. Kuckuck*. 3., völlig umgearbeitete Auflage.
I: Grundzüge der Pflanzenzüchtung. 132 Seiten mit 22 Abbildungen. 1952 . . . . Bd. 1134

Die Laubhölzer von *F. W. Neger*† und *E. Münch*†. Kurzgefaßte Beschreibung der in Mitteleuropa gedeihenden Laubbäume und Sträucher. 3., durchgesehene Auflage, herausgegeben von *B. Huber*. 143 Seiten mit 63 Figuren und 7 Tabellen. 1950 . . . . Bd. 718

Die Nadelhölzer (Koniferen) und übrigen Gymnospermen von *F. W. Neger*† und *E. Münch*†. 4. Auflage. Durchgesehen und ergänzt von *B. Huber*. 140 Seiten mit 75 Figuren, 4 Tabellen und 3 Karten. 1952 . . . . Bd. 355

Zoologie

Entwicklungsphysiologie der Tiere von *F. Seidel.*
I: Ei und Furchung. 126 Seiten mit 29 Abbildungen. 1953 . . . . Bd. 1162
II: Körpergrundgestalt und Organbildung. 159 Seiten mit 42 Abbildungen. 1953 . . . . Bd. 1163

Das Tierreich.
Fische von *D. Lüdemann.* In Vorbereitung . . . . . Bd. 356
Insekten von *H. von Lengerken.* 128 Seiten mit 58 Abbildungen. 1953 . . . . Bd. 594
Lurche von *K. Herter.* In Vorbereitung . . . . . . Bd. 847
Spinnentiere von *A. Kaestner.* In Vorbereitung . . Bd. 1161
Weichtiere von *S. Jaeckel.* In Vorbereitung . . . . Bd. 440
Würmer von *S. Jaeckel.* In Vorbereitung . . . . . . Bd. 439

Vergleichende Physiologie der Tiere von *K. Herter.* 3. Auflage der „Tierphysiologie".
I: Stoff- und Energiewechsel. 155 Seiten mit 64 Abbild. 1950 . . . . Bd. 972
II: Bewegung und Reizerscheinungen. 148 Seiten mit 110 Abbildungen. 1950 . . . . Bd. 973

Land- und Forstwirtschaft

Landwirtschaftliche Tierzucht von *H. Vogel.* Die Züchtung und Haltung der landwirtschaftlichen Nutztiere. 139 Seiten mit 11 Abbildungen. 1952 . . . . Bd. 228

Kulturtechnische Bodenverbesserungen von *O. Fauser.* 4., neubearbeitete Auflage.
I: Allgemeines, Entwässerung. 122 Seiten mit 47 Abbildungen. 1947 . . . . Bd. 691
II: Bewässerung, Ödlandkultur, Umlegung. 150 Seiten mit 67 Abbildungen. 1949 . . . . Bd. 692

Agrikulturchemie von *K. Scharrer.*
I: Pflanzenernährung. 143 Seiten. 1953 . . . . Bd. 329

Geologie · Mineralogie · Kristallographie

Kristallographie von *W. Bruhns*† und *P. Ramdohr.* 4. Auflage. 106 Seiten mit 163 Abbildungen. 1954 . . . . Bd. 210

Einführung in die Kristalloptik von *E. Buchwald.* 4., verbess. Auflage. 138 Seiten mit 121 Figuren. 1952 . . . . . . Bd. 619

Lötrohrprobierkunde von *M. Henglein.* Mineraldiagnose mit Lötrohr und Tüpfelreaktion. 3., verbesserte Auflage. 91 Seiten mit 11 Figuren. 1949 . . . . Bd. 483

Mineral- und Erzlagerstättenkunde von *H. Huttenlocher.*
I: 128 Seiten mit 34 Abbildungen. 1954 . . . . Bd. 1014
II: 156 Seiten mit 48 Abbildungen. 1954 . . . . . Bd. 1015/1015a

Mineralogie von *R. Brauns*† und *K. F. Chudoba.* 9. Auflage. 1954. In Vorbereitung . . . . Bd. 29

Petrographie. Von *W. Bruhns*† und *P. Ramdohr.* 4., durchgesehene Auflage. Mit 10 Abbildungen. 1954. In Vorbereitung . . . . Bd. 173

Geologie von *F. Lotze.* In Vorbereitung . . . . Bd. 13

Technik

Metall

Metallkunde. Einführendes über Aufbau, Eigenschaften und Untersuchung von Metallen und Legierungen sowie über Grundlagen des Schmelzens, des Gießens, des Verformens, der Wärmebehandlung, der Oberflächenbehandlung, der Verbinde- und Trennarbeiten von *H. Borchers*. 2. Auflage.
I: Aufbau der Metalle und Legierungen. 110 Seiten mit 2 Tabellen und 90 Abbildungen. 1950 . . . . Bd. 432
II: Eigenschaften. Grundzüge der Form und Zustandsgebung. 154 Seiten mit 8 Tabellen und 100 Abbildungen. 1952 . . . . Bd. 433

Elektrotechnik

Die Gleichstrommaschine von *K. Humburg*. Durchgesehener Neudruck.
I: 102 Seiten mit 59 Abbildungen. 1949 . . . . Bd. 257
II: 98 Seiten mit 38 Abbildungen. 1949 . . . . Bd. 881
Die synchrone Maschine von *K. Humburg*. Neudruck. 109 Seiten mit 78 Bildern. 1951 . . . . Bd. 1146
Induktionsmaschinen von *F. Unger*. 2., erweiterte Auflage. 142 Seiten mit 49 Abbildungen. 1954 . . . . Bd. 1140
Transformatoren von *W. Schäfer*. 2. Auflage. 128 Seiten mit 74 Abbildungen. 1949 . . . . Bd. 952
Verbrennungskraftmaschinen von *W. Endres*. In Vorbereitung Bd. 1076
Die komplexe Berechnung von Wechselstromschaltungen von *H. K. Meinke*. 160 Seiten mit 114 Abbildungen. 1949 . Bd. 1156
Theoretische Grundlagen zur Berechnung der Schaltgeräte von *F. Kesselring*. 3. Auflage. 144 Seiten mit 92 Abbildungen. 1950 . . . . Bd. 711
Elektromotorische Antriebe (Grundlagen für die Berechnung) von *A. Schwaiger*. 3., neubearbeitete Auflage. 96 Seiten mit 34 Abbildungen. 1952 . . . . Bd. 827
Technische Tabellen und Formeln von *W. Müller*. 4., verbesserte und erweiterte Auflage von *E. Schulze*. 152 Seiten mit 105 Figuren. 1951 . . . . Bd. 579
Überspannungen und Überspannungsschutz von *G. Frühauf*. Durchgesehener Neudruck. 122 Seiten mit 98 Abbildungen. 1950 . . . . Bd. 1132
Dynamik von *W. Müller*. 2., verbesserte Auflage.
I: Dynamik des Einzelkörpers. 128 Seiten mit 48 Figuren. 1952 . . . . Bd. 902
II: Systeme von starren Körpern. 102 Seiten mit 41 Figuren. 1952 . . . . Bd. 903
Technische Schwingungslehre von *L. Zipperer*.
I: Allgemeine Schwingungsgleichungen, einfache Schwinger. 2., neubearbeitete Auflage. 120 Seiten mit 101 Abbildungen. 1953 . . . . Bd. 953
II: In Vorbereitung . . . . Bd. 961

Maschinenbau

Werkzeugmaschinen von *K. P. Matthes.*
I: 1954. In Vorbereitung . . . . Bd. 561

Die Maschinenelemente von *E. A. vom Ende.* 2., verbesserte Auflage. 159 Seiten mit 173 Figuren und 12 Tafeln. 1950 Bd. 3

Das Maschinenzeichnen mit Einführung in das Konstruieren von *W. Tochtermann.* 4. Auflage.
I: Das Maschinenzeichnen. 156 Seiten mit 77 Tafeln. 1950 Bd. 589
II: Ausgeführte Konstruktionsbeispiele. 130 Seiten mit 58 Tafeln. 1950 . . . . Bd. 590

Die Werkstoffe des Maschinenbaus von *A. Thum* und *C. M. von Meysenbug.* 2 Bände. In Vorbereitung . . . . Bd. 476/936

Getriebelehre von *P. Grodzinski.* 2., neubearbeitete Auflage.
I: Geometrische Grundlagen. 159 Seiten mit 142 Figuren. 1953 . . . . Bd. 1061

Gießereitechnik von *H. Jungbluth.*
I: Eisengießerei. 126 Seiten mit 44 Abbildungen. 1951 . . Bd. 1159

Die Dampfkessel und Feuerungen einschließlich Hilfseinrichtungen in Theorie, Konstruktion und Berechnung von *W. Marcard*†. 2. Auflage. Neubearbeitet von *K. Beck.*
I: Die theoretischen Grundlagen. Wärme, Verbrennung, Wärmeübertragung. 150 Seiten mit 42 Abbildungen und 16 Tabellen. 1951 . . . . Bd. 9
II: Dampfkessel. 147 Seiten mit 43 Abbildungen. 1952 . . Bd. 521

Technische Thermodynamik von *W. Nusselt.*
I: Grundlagen. 3., verbesserte Auflage. 144 Seiten mit 71 Abbildungen. 1950 . . . . Bd. 1084
II: Theorie der Wärmekraftmaschinen. Neudruck. 144 Seiten mit 87 Abbildungen und 32 Zahlentafeln. 1951 Bd. 1151

Autogenes Schweißen und Schneiden von *H. Niese.* 5. Auflage. Neubearbeitet von *A. Küchler.* 136 Seiten mit 71 Figuren. 1954 . . . . Bd. 499

Elektrische Schweißverfahren von *H. Niese.* Herausgegeben von *H. Dienst.* In Vorbereitung . . . . Bd. 1020

Wasserbau

Wasserkraftanlagen von *A. Ludin.* 2 Bände. 1955. In Vorbereitung . . . . Bd. 665/666

Verkehrswasserbau von *H. Dehnert.*
I: Entwurfsgrundlagen, Flußregelungen. 103 Seiten mit 52 Textabbildungen. 1950 . . . . Bd. 585
II: Flußkanalisierungen und Schiffahrtskanäle. 94 Seiten mit 60 Textabbildungen. 1950 . . . . Bd. 597
III: Schleusen und Hebewerke. 98 Seiten mit 70 Textabbildungen. 1950 . . . . Bd. 1152

Talsperren von *F. Tölke.* 122 Seiten mit 70 Abbildungen. 1953 Bd. 1044

Wehr- und Stauanlagen von *H. Dehnert.* 134 Seiten mit 90 Abbildungen. 1952 . . . . Bd. 965

Hoch- und Tiefbau

SAMNLUNG GÖSCHEN / BANDNUMMERNFOLGE

1 Langosch, Der Nibelunge Nôt
3 vom Ende, Maschinenelemente
9 Marcard-Beck, Dampfkessel I
13 Lotze, Geologie
20 Hofstaetter-Spree, Dt. Sprachlehre
29 Brauns-Chudoba, Mineralogie
30 Eckert-Greifendorff-Kleffner, Kartenkunde
32 Schneider, Dt. Heldensagen
37 Klemm, Anorganische Chemie
38/38a Schlenk, Organ. Chemie
42 Behn, Vorgeschichte Europas
47 Rohrbach, Arithmetik
51 Bürklen-Ringleb, Mathematische Formelsammlung
59 Krahe, Indogerm. Sprachwiss.
61 Biehle, Redetechnik
66 Berneker-Vasmer, Russische Grammatik
70 Nestle, Griech. Literaturgesch. I
71 Schulze, Allgem. und physikalische Chemie I
76 Döring, Einführ. i. d. theoret. Physik I
77 Döring, Einführ. i. d. theoret. Physik II
79 Hempel, Gotisches Elementarbuch
80 Weigert, Stilkunde I
87 Witting, Differentialrechnung
88 Witting, Integralrechnung
101 v. Wiese, Soziologie
111 Hoffmann-Debrunner, Geschichte der griech. Sprache I
114 Hoffmann-Debrunner, Geschichte der griech. Sprache II
117 Brandenstein, Griechische Sprachwissenschaft
125 Vossler, Italienische Literaturgeschichte
128 Lausberg, Romanische Sprachwissenschaft I
136 Mahler, Physikalische Formelsammlung
141 Geitler, Morphologie der Pflanzen
142 Haack, Darst. Geometrie I
143 Haack, Darst. Geometrie II
145 Weimer, Gesch. der Pädagogik
146 Witting, Repetitorium und Aufgabensammlung zur Differentialrechnung
147 Witting, Repetitorium und Aufgabensammlung zur Integralrechnung
170 Oehlmann, Musik des 19. Jahrhunderts
173 Bruhns-Ramdohr, Petrographie
174 Waldschmidt, Buddhismus I
180 Böhm, Versicherungsmathematik I
184 Blümcke, Textilindustrie I
200/200a Gottschald, Dt. Rechtschreibungswörterbuch
210 Bruhns-Ramdohr, Kristallographie
221 Jander-Jahr, Maßanalyse I
222 Hassak-Beutel, Warenkunde I
223 Hassak-Beutel, Warenkunde II
226 Hofmann, Geschichte der Mathematik I
228 Vogel, Landw. Tierzucht
230 Krieger, Bad. Geschichte
238 Krahe, Germ. Sprachwiss. I
243 Mahler, Physikal. Aufgabensammlung
247 Hoppe, Analytische Chemie I
248 Hoppe, Analytische Chemie II
250 Lausberg, Roman. Sprachwissenschaft II
252 Dassler, Elektrochemie I
253 Dassler, Elektrochemie II
256 Haussner, Aufgabensammlung zur analytischen Geometrie der Ebene
257 Humburg, Die Gleichstrommaschine I
264 Lockemann, Geschichte der Chemie I
265 Lockemann, Geschichte der Chemie II
270 Kirn, Einführung in die Geschichtswissenschaft
279 Jacob, Quellenkunde der deutschen Geschichte I
280 Jacob, Quellenkunde der deutschen Geschichte II
281 Leisegang, Einführung in die Philosophie

284 Jacob-Weden, Quellenkunde der deutschen Geschichte III
319 Krug, Australien und Ozeanien
329 Scharrer, Agrikulturchemie I
335 Braun-Klug, Fette und Öle
336 Braun-Klug, Seifenfabrikation
342 Körting, Heizung und Lüftung I
343 Körting, Heizung und Lüftung II
344 Moser, Musikästhetik
352 Devrient. Thüring. Geschichte
354 Valentiner, Vektoranalysis
355 Neger-Münch, Nadelhölzer
356 Lüdemann, Fische
375 Preller, Geschichte Englands I
394 Schilling, Vorkantische Philosophie
402 Wielandt, Determinanten
414/414a Tafel, Hebezeuge I
422 Gottschald, Dt. Personennamen
423 Adler, Fünfstell. Logarithmen
431 Hameister, Eiszeitalter
432 Borchers, Metallkunde I
433 Borchers, Metallkunde II
439 Jaeckel, Würmer
440 Jaeckel, Weichtiere
445 Asmus, Physikal.-chemische Rechenaufgaben
452 Bahrdt-Scheer, Stöchiometrische Aufgabensammlung
468 Werkmeister, Vermessungskunde I
469 Werkmeister, Vermessungskunde II
476 Thum-Meysenbug, Werkstoffe des Maschinenbaues I
483 Henglein, Lötrohrprobierkunde
492 Stolz-Debrunner, Geschichte der lateinischen Sprache
499 Niese, Autogen. Schweißen
500 Simmel, Hauptprobleme der Philosophie
521 Marcard-Beck, Dampfkessel und Feuerungen II
536 Lehmann, Kant
538 Rumpf, Archäologie I
539 Rumpf, Archäologie II
557 Nestle, Griechische Literaturgeschichte II
561 Matthes, Werkzeugmaschinen I
564 Behn, Kultur der Urzeit I
565 Behn, Kultur der Urzeit II
566 Behn, Kultur der Urzeit III
571 Lehmann, Philosophie des 19. Jahrhunderts I
576/576a Moser, Gesangskunst
579 Müller-Schulze, Techn. Tabellen
585 Dehnert, Verkehrswasserbau I
589 Tochtermann, Maschinenzeichnen I
590 Tochtermann, Maschinenzeichnen II
594 Lengerken, Insekten
597 Dehnert, Verkehrswasserbau II
619 Buchwald, Kristalloptik
665 Ludin, Wasserkraftanlagen I
666 Ludin, Wasserkraftanlagen II
668 Knopp, Funktionentheorie I
691 Fauser, Kulturtechn. Bodenverbesserungen I
692 Fauser, Kulturtechn. Bodenverbesserungen II
698 Schulze, Allgemeine und physikalische Chemie II
703 Knopp, Funktionentheorie II
709 Lehmann, Philosophie des 19. Jahrhunderts II
711 Kesselring, Berechnung der Schaltgeräte
718 Neger-Münch, Laubhölzer
746 Meier, Statistik
736/763a Beer-Meyer, Hebräische Grammatik I
764/764a Beer-Meyer, Hebräische Grammatik II
768 Bieberbach, Einführung in die konforme Abbildung
769 Beer-Meyer, Hebräisches Übungsbuch
770 Waldschmidt, Buddhismus II
780 Krahe, Germ. Sprachwiss. II
781 Weigert, Stilkunde II
768 Schulze, Molekülbau
807 Kropp, Erkenntnistheorie I
809 Moser, Harmonielehre I
810 Moser, Harmonielehre II
826 Koch, Philosophie des Mittelalters
827 Schwaiger, Elektromotorische Antriebe
837 Baumgartner, Gruppentheorie
845 Lehmann, Philosophie im ersten Drittel des 20. Jahrhunderts
847 Herter, Lurche
855 Dreyhaus, Amerika I
856 Dreyhaus, Amerika II
857 Capelle, Griech. Philosophie I

858 Capelle, Griech. Philosoph. II
859 Capelle, Griech. Philosoph. III
862 Werkmeister, Vermessungskunde III
863 Capelle, Griech. Philosoph. IV
877 Knopp, Aufgabensammlung zur Funktionentheorie I
878 Knopp, Aufgabensammlung zur Funktionentheorie II
881 Humburg, Gleichstrommaschine II
902 Müller, Dynamik I
903 Müller, Dynamik II
910 Jaeger, Afrika I
911 Jaeger, Afrika II
917/917a Böhm, Versicherungsmathematik II
920 Hoheisel, Gewöhnliche Differentialgleichungen
929 Schirmer, Dt. Wortkunde
930 Krull, Elementare und klassische Algebra I
931 Hasse, Höhere Algebra I
932 Hasse, Höhere Algebra II
936 Thum-Meysenbug, Werkstoffe des Maschinenbaues II
952 Schäfer, Transformatoren
953 Zipperer, Techn. Schwingungslehre I
961 Zipperer, Techn. Schwingungslehre II
965 Dehnert, Wehr- u. Stauanlagen
970 Baldus-Löbell, Nichteuklid. Geometrie
972 Herter, Tierphysiologie I
973 Herter, Tierphysiologie II
978 Kleinlogel, Baustoffverarbeitung und Baustellenprüfung des Betons
984 Graf, Die wichtigsten Baustoffe des Hoch- und Tiefbaues
1000 Jaspers, Geistige Situation
1002 Jander-Jahr, Maßanalyse II
1003 Hoheisel, Partielle Differentialgleichungen
1008 Mellerowicz, Allgemeine Betriebswirtschaftslehre I
1009 Bechert-Gerthsen, Atomphysik I
1014 Huttenlocher, Mineral- und Erzlagerstättenkunde I
1015/1015a Huttenlocher, Mineral- und Erzlagerstättenkunde II
1021 Niese-Dienst, Elektr. Schweißverfahren
1031 Apel, Philosophisches Wörterbuch
1033 Bechert-Gerthsen, Atomphysik II
1034 Kranefeldt, Therapeutische Psychologie
1044 Tölke, Talsperren
1045 Schubert, Technik des Klavierspiels
1057 Roth, Thermochemie
1059 Hoheisel, Aufgabensammlung zu den gewöhnl. und partiellen Differentialgleichungen
1061 Grodzinski, Getriebelehre I
1065 Haller, Von den Karolingern zu den Staufern
1070 Sauter, Differentialgleichungen der Physik
1076 Endres, Verbrennungskraftmaschinen
1078 Troche, Stahlbetonbau
1082 Hasse-Klobe, Aufgabensammlung zur Höheren Algebra
1084 Nusselt, Technische Thermodynamik I
1085 Lietzmann, Zeitrechnung
1086 Müller, Dt. Dichten u. Denken
1088 Preller, Geschichte Englands II
1092 Wickop, Fenster, Türen, Tore,
1094 Hernried, System. Modulation
1096 Viëtor, Dt. Dichten u. Denken
1105 Hartung, Dt. Geschichte im Zeitalter der Reformation
1109 Knopp, Elemente der Funktionentheorie
1111 Naumann-Betz, Althochdeutsches Elementarbuch
1113 Strubecker, Differentialgeometrie I
1114 Schubel, Englische Literaturgeschichte I
1115 Ranke, Altnord. Elementarbuch
1116 Meissner, Englische Literaturgeschichte II
1121 Naumann, Dt. Dichten und Denken
1122 Feist, Sprechen und Sprachpflege
1123/1123a Bechert-Gerthsen, Atomphysik III

1124 Meissner, Englische Literaturgeschichte III
1125 Lehnert, Altengl. Elementarbuch
1127 Hartmann, Geschlecht und Geschlechtsbestimmung im Tier- und Pflanzenreich
1128 Buchner, Symbiose der Tiere mit pflanzl. Mikroorganismen
1130 Dibelius, Jesus
1131 Scholz-Schoeneberg Einführung in die Zahlentheorie
1132 Frühauf, Überspannungen und Überspannungsschutz
1134 Kuckuck, Pflanzenzüchtung I
1135 Lehnert, Beowulf
1136 Meissner, Englische Literaturgeschichte IV
1137 Heil, Entwicklungsgeschichte des Tier- und Pflanzenreichs
1138 Hämmerling, Fortpflanzung im Tier- und Pflanzenreich
1140 Unger, Induktionsmaschinen
1141 Koller, Hormone
1142 Meissner-Lehnert, Shakespeare
1144 Gehler, Festigkeitslehre I
1145 Herberg, Festigkeitslehre II
1146 Humburg, Synchrone Maschine
1147 v. Waltershausen, Kunst des Dirigierens
1148 Pepping, Der polyphone Satz I
1151 Nusselt, Technische Thermodynamik II
1152 Dehnert, Verkehrswasserbau III
1153 Mellerowicz, Allgem. Betriebswirtschaftslehre II
1154 Mellerowicz, Allgem. Betriebswirtschaftslehre III
1155 Schwartz, Mikrobiologie I
1156 Meinke, Kompl. Berechnung der Wechselstromschaltungen
1157 Schwartz, Mikrobiologie II
1158 Mayrhofer, Sanskrit-Grammatik
1159 Jungbluth, Gießereitechnik I
1160 Dibelius-Kümmel, Paulus
1161 Kaestner, Spinnentiere
1162 Seidel, Entwicklungsphysiologie der Tiere I
1163 Seidel, Entwicklungsphysiologie der Tiere II
1165/1165a Bechert-Gerthsen, Atomphysik IV
1166 Bechert-Gerthsen, Atomphysik V
1167 Bechert-Gerthsen, Atomphysik VI
1168 Bechert-Gerthsen, Atomphysik VII

AUTORENREGISTER

Kolibri 360 GmbH
Ferdinand-Jühlke-Straße 7
99095 Erfurt, Deutschland
produktsicherheit@kolibri360.de